DROIT FRANÇAIS

DES

EAUX DE SOURCE

THÈSE

POUR LE DOCTORAT

PRÉSENTÉE PAR

Léon RUYER

AVOCAT A LA COUR D'APPEL DE NANCY

L'ACTE PUBLIC SERA SOUTENU

Le Samedi 4 Juillet 1896, à 4 heures du soir.

Président : M. LOMBARD.

Suffragants { MM. GARNIER, *professeur.*
BEAUCHET, *professeur.*

SAINT-DIÉ

TYPOGRAPHIE ET LITHOGRAPHIE L. HUMBERT.

1896

A MON PÈRE

A MA MÈRE

A MA SŒUR

SAINT-DIÉ. — IMPRIMERIE HUMBERT.

DROIT FRANÇAIS

DES

EAUX DE SOURCE

THÈSE

POUR LE DOCTORAT

PRÉSENTÉE PAR

Léon RUYER

AVOCAT A LA COUR D'APPEL DE NANCY

L'ACTE PUBLIC SERA SOUTENU

Le Samedi 4 Juillet 1896, à 4 heures du soir.

Président : M. LOMBARD.
Suffragants { MM. GARNIER, *professeur.*
BEAUCHET, *professeur.*

SAINT-DIÉ

TYPOGRAPHIE ET LITHOGRAPHIE L. HUMBERT.

1896

FACULTÉ DE DROIT DE NANCY

Doyen : M. LEDERLIN, ✳, 1 ✿.
Doyen honoraire : M. JALABERT, ✳, 1 ✿.
Professeur honoraire : M. LOMBARD (Ad.), ✳, I ✿.

MM. LEDERLIN, ✳, I ✿, Professeur de Droit romain, Chargé du Cours de Pandectes, et Chargé du Cours d'Histoire du Droit. (Droit français étudié dans ses origines féodales et coutumières.)

LIÉGEOIS, I ✿, Professeur de Droit administratif, et Chargé du Cours d'Histoire des Doctrines économiques.

BLONDEL, I ✿, Professeur de Code civil, et Chargé du Cours de Principes du Droit public et du Droit constitutionnel comparé.

BINET, I ✿, Professeur de Code civil, et Chargé du Cours d'enregistrement.

LOMBARD (P.), 1 ✿, Professeur de Code civil.

GARNIER, I ✿, Professeur d'Economie politique, et Chargé du Cours de Législation financière.

MAY, I ✿, Professeur de Droit romain, et Chargé du Cours de Pandectes, et du Cours de Droit international public (Doctorat).

GARDEIL, I ✿, Professeur de Droit criminel, et Chargé du Cours de Législation et Economie industrielles.

BEAUCHET, I ✿, Professeur de Procédure civile, Chargé du Cours de Procédure civile (Voies d'exécution), et Chargé du Cours de Législation et Economie coloniales.

BOURCART, I ✿, Professeur de Droit commercial.

GAVET, I ✿, Professeur d'Histoire du Droit.

CHRÉTIEN, I ✿, Professeur de Droit international public et privé.

CARRÉ DE MALBERG, Professeur de Droit constitutionnel et administratif.

MELIN, Docteur en Droit, Chargé de Conférences.

VALEGEAS, Docteur en Droit, Secrétaire.

LACHASSE, I ✿, Docteur en Droit, Secrétaire honoraire.

DES EAUX DE SOURCE

PRÉFACE

Les eaux de source sont très précieuses. Elles embellissent le pays où elles jaillissent et s'écoulent, servent à la satisfaction des besoins journaliers de ses habitants et sont un agent très actif de la production agricole : elles sont également fort utiles à l'industrie et contribuent à la formation et à l'alimentation des cours d'eau. Aussi ces eaux sont-elles, partout où elles existent, extrêmement disputées. Leur propriété et leur possession ont été l'objet de nombreux et difficiles procès, qui ont dû être jugés par application des quelques articles du Code civil, qui régissent cette matière vaste et complexe. Mais ces articles renferment des principes si vrais et si justes, en harmonie si complète avec le système général du Code, que, grâce aux déductions que la sagacité de la doctrine et de la jurisprudence a su en tirer, ils ont pu, jusqu'à présent, permettre la solution des difficultés multiples qu'ont fait naître les compétitions relatives à la propriété ou à l'usage de ces eaux. Nous savons que des auteurs de la plus haute autorité ont prétendu que les articles du Code civil, concernant le régime des eaux, ne répondent plus aux besoins actuels de la société et qu'il y a lieu de les modifier ou, au moins, de les compléter. « Les intérêts, dit Daviel, se sont trouvés à la gêne dans « le cadre étroit que le législateur de 1804 avait tracé en « quelques articles à ce sujet si fécond, et le mouvement « social a forcé la jurisprudence à l'élargir. »

On a opéré, depuis la promulgation du Code, quelques réformes législatives sur des points importants, mais spéciaux ou secondaires, telles que les lois sur les eaux minérales et celles sur les irrigations : mais on n'a pas touché au système du Code civil pour le surplus, c'est-à-dire pour la partie la plus importante, pour la partie principale du sujet que nous devons traiter et qui continue à être régie par les articles 640 et suivants de ce Code, qui sont toujours en vigueur.

Le projet d'une loi nouvelle et complète sur les eaux, présenté par le Gouvernement en 1880, n'a pas encore été converti en loi, bien que plusieurs titres de ce projet, et notamment celui relatif aux eaux pluviales et aux eaux de source, aient été votés par le Sénat, en 1883.

Pour faciliter notre travail, nous l'avons divisé en huit Chapitres, en suivant l'ordre qui nous a paru le plus rationnel pour l'examen des diverses questions qui nous ont semblé devoir être comprises dans le cadre que nous avons adopté. Dans un neuvième chapitre, nous résumons les débats qui ont eu lieu devant le Sénat, en 1883, avant le vote, par celui-ci, des articles de la loi nouvelle, concernant les eaux de source et les eaux pluviales. Nous reproduisons ensuite le texte de ces articles tel qu'il a été voté par cette assemblée, et enfin le texte des articles du même projet relatifs à l'alimentation, en eaux de sources, des communes, bien que ces derniers articles n'aient pas encore été discutés devant les Chambres.

CHAPITRE PREMIER

DROITS DU PROPRIÉTAIRE DE LA SOURCE

Une source est l'endroit où l'eau s'échappe du sol. Le
mot source vient du verbe sourdre, qui signifie sortir de
terre, lequel vient lui-même du verbe latin *surgere*, qui veut
dire sortir, s'élever. Le droit romain la définissait ainsi :
« *Caput aquæ illud est unde aqua oritur.* » (Loi 1, § 8, *De
aqua quot. et æst.*, liv. XLIII, tit. 20.)

Celui qui est propriétaire d'un fonds est propriétaire de
tout ce que renferme ce fonds, c'est-à-dire du dessus et du
dessous (art. 552 CC), et par conséquent de la source qui
s'y trouve. Comme le propriétaire d'une chose peut, d'après
l'art. 544 CC, jouir et disposer de cette chose de la façon la
plus absolue, pourvu qu'il n'en fasse pas un usage prohibé
par les lois ou les règlements, le propriétaire d'une
source doit pouvoir faire de cette source tel usage qui lui
convient. Aussi l'art. 641 CC, qui est une application particulière du principe général écrit dans l'art. 544, lui confère-

t-il ce droit dans les termes suivants : « Celui qui a une
« source dans son fonds peut en user à sa volonté, sauf le
« droit que le propriétaire du fonds inférieur pourrait avoir
« acquis par titre ou par prescription. »

Le propriétaire d'une source a donc le droit d'en faire ce
qu'il veut. Il peut se servir des eaux de cette source pour la
culture du fonds où elle existe, pour l'exploitation d'une
industrie établie sur ce fonds ou pour son simple agrément :
il aurait même le droit de refouler cette source dans les en-
trailles de son terrain, de la détruire complètement.

Le Droit Romain considérait déjà la propriété de la source
comme appartenant au propriétaire du sol : *portio agri
enim videtur aqua viva :* mais il ne reconnaissait pas à ce
propriétaire un droit de disposition aussi absolu sur ses
eaux et il n'admettait pas qu'il pût en priver ses voisins
dans le seul but de leur nuire, sans avantage pour lui-
même et sans un intérêt réel d'utilité ou au moins d'agrément pour sa propriété : *si non animo nocendi vicino, sed
suum agrum meliorem faciendi id fecit.* (Loi 1, § 12, *De aqua
quot. et æst.,* liv. XLIII, tit. 20.)

Les parlements admettaient aussi cette restriction.

Lors de la discussion du Code civil, Malleville disait
devant le Conseil d'Etat : « La nature a destiné l'eau à
« l'usage de tous : et celui qui a une source dans son
« fonds peut s'en servir le premier pour ses besoins;
« mais, ses besoins satisfaits, il ne peut pas en priver
« d'autres. On a fort bien dit, que la propriété des eaux
« est d'une espèce particulière. Sans doute, celui dans le
« fonds duquel l'eau surgit, a le droit de s'en servir, quand

« même pendant mille ans elle aurait coulé dans le fonds
« voisin : mais, les besoins de ce premier propriétaire une
« fois satisfaits, l'équité, l'intérêt public et la destination
« même de l'eau ne permettent pas que des fonds inférieurs
« en soient arbitrairement privés : la Providence a créé
« pour l'usage de tous cet élément nécessaire à tous. »
Tronchet adoptait aussi cette doctrine; mais ces deux opi-
nions restèrent personnelles à leurs auteurs et isolées. Et
le consul Cambacérès, résumant la discussion, s'exprimait
ainsi devant le Conseil d'Etat : « En se réglant par les prin-
« cipes, on ne peut mettre en question si une source est une
« propriété et, par une suite nécessaire, on ne peut refuser
« au propriétaire le droit d'en disposer à son gré. L'écoule-
« ment des eaux sur les fonds inférieurs n'apporte pas de
« modification à ce droit. Hors le cas d'utilité publique, et
« lorsqu'il n'y a en jeu que l'intérêt des particuliers possé-
« dant les fonds inférieurs, rien ne peut plus balancer les
« droits du propriétaire. » Sur cette déclaration, la discussion fut close au Conseil d'Etat et les articles 640 et 641
furent ensuite adoptés par le Corps législatif avec le texte
qu'ils ont conservé jusqu'à présent. (Locré, *Législ. civ.*,
tome VIII, pages 334, 336 et 337.)

D'après le Code donc, le propriétaire d'un fonds dans
lequel se trouve une source, a sur celle-ci un droit complet
et absolu de propriété, qui lui permet de faire des eaux de
cette source tel emploi qui lui convient, de les détruire
même si bon lui semble sans aucun avantage pour lui ni
pour personne. Le droit du propriétaire de la source n'a
pas par conséquent d'autres limites que ceux qui auraient

pu être acquis au profit des propriétaires inférieurs par titre, par la destination du père de famille ou par prescription.

Néanmoins plusieurs auteurs et des plus recommandables, Delvincourt (tome I, page 157, n° 12), Pardessus (tome I, n° 78), Daviel (tome III, n° 895) et Proudhon ont prétendu que, même sous l'empire du Code civil comme précédemment, le droit du propriétaire d'une source ne va pas jusqu'à lui permettre de la détruire complètement sans profit, ni avantage pour lui-même. Proudhon notamment soutient son opinion de la façon suivante (*Domaine public,* tome II, page 218). « Il faut bien remarquer, « dit-il, que quelque illimitée que soit à l'égard des eaux « de la source la faculté du propriétaire du fonds, ce n'est « toujours qu'un droit d'usage qu'il peut exercer, c'est-à- « dire un droit dont il peut jouir dans toute son étendue « pour lui-même et pour son utilité propre, mais dont il ne « peut abuser *in perniciem rei :* parce que le droit d'usage « comportant essentiellement le droit de conserver la « chose, on ne conçoit pas comment il serait permis à « l'usager de la détruire sans utilité pour lui-même. »

A l'argumentation de Proudhon qui nous paraît reposer sur une pure subtilité, on peut repondre : L'art. 552 CC a posé un principe général, d'après lequel la propriété du sol emporte la propriété du dessus et du dessous. Cet article concerne donc aussi bien la source qui est dans un fonds et qui en fait partie intégrante, que tout autre accessoire de ce fonds. Pour pouvoir contester au propriétaire du fonds la propriété de la source qui s'y trouve, il faudrait un texte bien formel lui déniant cette propriété; et ce texte n'existe pas. D'autre part, si l'art. 641 porte que celui qui a une source dans son fonds, peut *en user*, il ajoute *à volonté*, et cette adjonction change le sens du mot user. L'usage à volonté n'est pas un simple droit d'usage, limitativement déterminé, mais l'usage plein, complet, le droit absolu n'ayant pour limite que la volonté même du possesseur de ce droit; il comprend le *jus abutendi*, en un mot, c'est le droit de propriété.

L'opinion de Delvincourt, de Pardessus et de Proudhon est du reste combattue par Touillier (tome III, n°s 131 à 135), Duranton (tome V, n°s 174 et suiv.) et Demolombe (*Serv.* tome I, n° 66), qui enseignent que le Code reconnaît au propriétaire du terrain dans lequel se trouve une source, un droit de propriété absolu sur les eaux de cette source, lui permettant d'en faire tel emploi qui lui convient et de les détruire même, si bon lui semble, sans profit ni avantage pour lui ni pour personne. La jurisprudence s'est prononcée à peu près unanimement dans ce sens. (Cass. civ., 29 janvier 1840, D. J. G. *Serv.* 114. Cass. Req. 22 mai 1854. D. 1854. I. 301.)

Ayant le droit d'anéantir les eaux d'une source, le propriétaire de celle-ci peut donc les détourner de leur cours naturel et les conduire sur un autre fonds lui appartenant et contigu à celui où naît la source. Il conserve alors le droit absolu d'user comme il l'entend des eaux qu'il a ainsi amenées sur ce deuxième fonds, comme il pouvait le faire quand ces eaux étaient encore sur le fonds où jaillit la source. Les deux fonds réunis ne forment plus qu'un seul fonds.

Il aurait même le droit d'amener la totalité ou une partie des eaux de sa source sur un ou plusieurs terrains inférieurs, lui appartenant et non contigus entre eux ni à celui où est la source : mais il faudrait dans ce cas qu'il eût acquis, soit par titre, soit par prescription, une servitude d'aqueduc sur les fonds intermédiaires pour conduire sur ses terrains inférieurs les eaux de la source dont il serait toujours resté propriétaire et dont il aurait ainsi conservé la libre disposition.

Il a aussi le droit de disposer des eaux de sa source au profit d'un tiers, propriétaire inférieur, voisin immédiat ou non, sauf, dans ce dernier cas, l'acquisition par titre ou par prescription d'une servitude d'aqueduc sur les fonds intermédiaires, et le cessionnaire de ces eaux peut à son tour les céder à un deuxième cessionnaire, et ainsi de suite; alors chacun des cessionnaires a sur les eaux à lui cédées les mêmes droits que le propriétaire primordial de la source. Par suite, les eaux qui ont fait l'objet de ces transmissions sans jamais avoir été livrées à leur cours naturel, ont toujours conservé la qualité d'eaux privées, et leurs cessionnaires ont seuls le droit de s'en servir et d'en disposer. Nous invoquons à l'appui de l'opinion que nous venons d'exprimer un arrêt de la Cour de Cassation, Chambre des requêtes, du 22 mai 1854 (D. 1854, I, 301). Voici les considérants de cet arrêt : « Attendu que, dans leur « rapport avec le droit de propriété, les eaux sont, à leur « source, dans le domaine du propriétaire du fonds sur le- « quel elles coulent, et que le maître du fonds a le droit « d'en jouir et disposer de la manière la plus absolue, —

« que ce droit de propriété des eaux comprend nécessai-
« rement le droit de les transmettre aux tiers en tout ou
« en partie ; qu'il importe peu que l'acquéreur ou le ces-
« sionnaire soit ou non voisin immédiat du propriétaire
« de la source, pourvu, dans le dernier cas, que l'acqué-
« reur obtienne le passage sur le terrain intermédiaire ;
« que le premier acquéreur, ainsi nanti du domaine plein
« des eaux, peut à son tour le transmettre à un second
« acquéreur et ainsi de suite ; — attendu que la jouissance
« et disposition absolues des eaux découle de la faculté de
« les laisser fluer uniformément ou de les retenir ; attendu
« que ces règles reçoivent exception au cas où les eaux
« ont été volontairement abandonnées à la communauté
« irrigative ; qu'elles prennent alors le caractère d'eaux
« publiques et courantes, et que la loi crée, en ce cas, en
« faveur des riverains, des droits qui modifient ceux du
« propriétaire primordial ; qu'il en est de même lorsque
« par le résultat des conventions ou par une jouissance
« qualifiée par la loi, les propriétaires inférieurs se sont
« approprié sur les eaux une jouissance privative à laquelle
« on ne peut plus porter atteinte ; mais attendu que les de-
« mandeurs ne peuvent se placer dans aucun des cas d'ex-
« ception énoncés ci-dessus ; que l'arrêt attaqué décide
« souverainement, au contraire, par interprétation des ac-
« tes et faits de la cause, que les eaux de la source Thierry
« n'ont jamais été abandonnées, et que, par des actes d'ap-
« propriation successifs, les acquéreurs les ont maintenues
« à l'état d'eaux privées ; que si l'arrêt attaqué déclare que
« ces eaux traversent un chemin vicinal, il constate en

« même temps que, sans opposition de la commune, Le-
« febvre a fait pratiquer à ses frais depuis plus de 20 ans,
« sous ce chemin, un aqueduc souterrain au moyen duquel
« il s'empare des eaux qui lui ont été cédées sur la pro-
« priété de son vendeur ; que, dès lors, ces eaux n'ayant
« jamais été livrées à leurs cours naturel, n'ont pas le
« caractère légal d'eaux courantes, et que les droits des
« riverains ne peuvent être invoqués par les deman-
« deurs. »

Tant que les eaux d'une source sont sur le fonds où naît
cette source, le propriétaire de ce fonds en a la libre et
entière disposition, à moins que des tiers n'aient acquis sur
elle des droits par titre ou par prescrition. Mais quand ce
propriétaire abandonne à la sortie de son fonds ces eaux à
leur cours naturel, il perd son droit de propriété sur elles,
dès qu'elles sont sorties de cet héritage. Aussitôt que ces
eaux arrivent sur le fonds inférieur appartenant à un tiers,
elles deviennent *res nullius,* des eaux publiques, des eaux
courantes dont la jouissance est attribuée, suivant l'art. 644
CC, aux riverains inférieurs bordés ou traversés par elles.
Ceux-ci peuvent user et se servir des dites eaux à leur
passage, dans les conditions de l'article que nous venons
de rappeler.

Mais ils n'ont pas le droit d'en disposer, de telle sorte
que, si le propriétaire du fonds où naît la source dont les
eaux ont été abandonnées par lui à leur cours naturel, est
en même temps propriétaire d'un autre fonds inférieur,
non contigu au premier, traversé ou bordé par les eaux
qu'il a abandonnées à la sortie de son fonds supérieur, il

ne jouit plus sur elles, pour son héritage inférieur, que des droits d'un simple riverain ; par suite, il ne pourrait y détourner le cours de ces eaux au préjudice des autres riverains inférieurs. Ainsi l'a décidé un arrêt de la Cour de Cassation du 28 mars 1849 (D. 1849. I. 120), dans lequel nous lisons les considérants suivants : « Attendu qu'il suit « de ces faits que les deux héritages de la demanderesse « ne sont pas contigus, et qu'elle-même, dès lors, n'a pas « sur les eaux de la source un droit égal ou indivisible ; « que si, comme propriétaire du fonds où naît la source, « elle peut, par des travaux entrepris sur ce fonds, exercer « sur la source tous les droits que lui confère l'art. 641 CC, « elle n'a plus comme propriétaire du fonds inférieur à « exercer dans ce fonds que les droits d'un simple rive- « rain ; que, par suite, le jugement attaqué, en décidant, « comme il l'a fait, que la demanderesse, en sa qualité de « riveraine du cours d'eau qui traverse son héritage infé- « rieur, n'avait pas eu le droit de détourner les eaux sur « cet héritage au préjudice des riverains inférieurs, recon- « nues en possession du droit d'en user à leur passage, « loin de contrevenir à la loi, en a fait, au contraire, une « juste application. »

Si quelqu'un, co-propriétaire d'un fonds bordé ou traversé par un ruisseau, devenait propriétaire du fonds supérieur dans lequel se trouve la source, alimentant ce ruisseau, il aurait le droit de détourner de celui-ci les eaux de cette source sans que son copropriétaire inférieur pût s'en plaindre, car, dit Demolombe qui examine ce cas (*Servit.*, tome I, n° 64), « le fonds supérieur ne devant

« rien à l'inférieur, celui qui l'a acquis n'a pas moins de
« droits que n'en aurait un tiers. »

Quand le propriétaire d'un terrain, traversé par un ruisseau qui a pris naisssance dans un fonds supérieur, laisse tomber dans ce ruisseau les eaux d'une source jaillissant de ce terrain, il perd son droit de propriété sur ces eaux dont il cesse d'avoir la disposition, aussitôt qu'elles se mêlent aux eaux du ruisseau. Il n'a plus alors sur les eaux de sa source réunies à celles de ce ruisseau que les droits de jouissance d'un simple riverain, conformément à l'art. 644, CC. Ainsi l'ont décidé un arrêt de la Cour de Cassation du 6 décembre 1809. (D. Rép. Vᵒ Action posses. nᵒ 374), et un arrêt de la Cour de Montpellier du 12 janvier 1870 (D. 1871, II, 70).

Le Tribunal de Saint-Dié a suivi cette jurisprudence dans un jugement qu'il a rendu, le 6 juin 1873, relativement à des sources jaillissant dans une forêt de la commune de Saint-Léonard. Les eaux de ces sources forment, dans cette forêt, un ruisseau, dans lequel tombent aussi les eaux d'autres sources existant dans un pré enclavé dans celle-ci et appartenant à un tiers. Un concessionnaire de la commune ayant pratiqué sur la forêt même, immédiatement au-dessous du pré enclavé avant dit, une dérivation des eaux de ce ruisseau, sans les rendre ensuite à leur cours naturel, fut condamné, sur l'action des riverains inférieurs, à supprimer complètement cette dérivation, attendu, dit le jugement, « que les eaux, provenant des
« sources de la commune, sont devenues des eaux cou-
« rantes, régies par l'art. 644, CC, aussitôt qu'elles ont

« été mêlées à d'autres eaux ; » et bien que l'auteur de la dérivation eût demandé subsidiairement au Tribunal de lui attribuer, par un partage des eaux du ruisseau, un volume d'eau égal à celui produit par les sources de la commune.

Un arrêt de la Cour de Cassation du 17 août 1859 (D, 1859, I, 341), a décidé que le propriétaire d'une source ou d'un étang peut en transmettre les eaux à titre de propriété exclusive à un propriétaire inférieur, alors même que, pour arriver à l'héritage de ce dernier, elles emprunteraient le lit d'une rivière qui en forme le cours naturel, s'il est constaté que, dans ce lit complètement desséché, les eaux concédées ne se mêlent à aucune autre eau et que le vendeur ne les y fait arriver, dans l'intérêt privé de l'acheteur, que par un travail sans lequel elles seraient restées dans l'étang dont elles font partie.

Le propriétaire d'une source, qui a abandonné les eaux de celle-ci à leur cours naturel pendant plus de 30 ans, n'a pas perdu, par cet abandon, le droit de les retenir ensuite, quand bon lui semble et d'en disposer à son gré (art. 2232, CC.) : il conserve le même droit quand, au lieu de laisser les eaux couler suivant la pente naturelle du sol, il a changé leur direction naturelle pour les abandonner ensuite aux fonds voisins.

Lorsqu'une source constitue l'aliment principal ou le seul aliment d'un cours d'eau public, le propriétaire de cette source peut-il absorber toutes les eaux de celle-ci ou les détourner de ce cours d'eau ? Les auteurs sont divisés sur la question. Dubreuil (*Législation des Eaux*) et Garnier (tome III, n⁰ 747) soutiennent la négative, aussi bien quand le cours d'eau n'est pas navigable que lorsqu'il est navigable. Ils adoptent ainsi ce que l'on appelle la doctrine de Cancerius, du nom du jurisconsulte catalan qui l'a mise en avant. Dalloz fait une distinction : il prétend que le propriétaire de la source peut détourner les eaux d'un cours d'eau public, dont elles sont le seul ou le principal aliment, quand ce cours d'eau n'est pas navigable ; mais il soutient qu'il n'a pas ce droit quand ce cours d'eau est navigable. Demolombe s'exprime ainsi sur cette question (*Servit.,* tome I, n⁰ 101) : « On a demandé si le propriétaire de la « source peut en changer la direction lorsque cette source « est le principal aliment d'un ruisseau public ou lors- « qu'elle forme l'un des affluents d'une rivière navigable : « et quoique la négative ait été enseignée par Dubreuil et « Garnier, il nous paraît certain que ce serait là une solu- « tion arbitraire et, par conséquent, une violation des tex- « tes qui consacrent le droit de propriété. » Nous nous rangeons à l'avis de Demolombe, qui est conforme à celui de Daviel (tome III, n⁰ˢ 792 et 793).

Quand le propriétaire d'un terrain a amené à la surface de celui-ci, à l'aide d'un sondage, de fouilles ou d'un travail quelconque, des eaux qui, avant ces travaux, étaient restées souterraines, il en a la libre et entière disposition, comme de celles d'une source qui jaillirait d'elle-même et naturellement à la surface de son héritage. Il peut employer ces eaux aux besoins de cet héritage, les conduire sur un autre fonds ou les céder à un tiers, absolument comme s'il s'agissait des eaux d'une source jaillissant naturellement. Mais, ainsi que nous le verrons au chapitre suivant quand nous examinerons l'art. 640, il ne pourrait faire écouler ces eaux sur les terrains inférieurs sans la permission des propriétaires de ces terrains.

Les tribunaux civils sont seuls compétents pour statuer sur les difficultés relatives à la propriété ou à l'usage des eaux de source. Mais ils n'ont pas, pour juger ces difficultés, le pouvoir discrétionnaire que l'art. 645 leur confère relativement aux eaux courantes. On comprend les motifs de cette différence. « Les eaux courantes, dit Demolombe « (*Servit.*, tome I, page 83), sont considérées comme choses « communes, parce qu'en effet, elles n'appartiennent pas « plus à l'un qu'à l'autre et que chacun n'a le droit de s'en « servir que pour autant qu'elles lui sont utiles (art. 644). » Les eaux de source, au contraire, sont la propriété exclusive du maître de la source, comme les eaux provenant de fouilles ou d'un sondage sont aussi la propriété exclusive de celui qui les a obtenues à l'aide de travaux qu'il a exécutés dans son fonds. Dès lors, le propriétaire de ces eaux a sur elles autre chose qu'un droit d'utilité. Par conséquent, quand les tribunaux sont appelés à juger des litiges les concernant, ils ne peuvent s'inspirer que des principes qui régissent le droit de propriété. Ils doivent interpréter le titre et tenir compte de la possession des parties, pour juger les difficultés qui les divisent. « Ils peuvent, dit M. Picard « (*Traité des Eaux*, tome I, page 150), exercer à cet égard « leur pouvoir ordinaire d'appréciation : ils peuvent régle- « menter les jours et les heures d'attribution des eaux à « chacun des fonds ou prescrire d'autres dispositions ana-

« logues. Mais ce n'est point là le pouvoir discrétionnaire
« qui leur est conféré par l'art. 645 pour les eaux couran-
« tes : ils violeraient la loi en créant des droits nouveaux,
« en réduisant les droits antérieurs, en imposant, par
« exemple, au propriétaire de la source l'obligation de li-
« vrer des eaux dans l'intérêt de l'agriculture au proprié-
« taire inférieur qui n'y aurait acquis aucun droit, ni par
« titre, ni par prescription. » Dans le même sens, arrêt de
Cassation du 29 janvier 1840 (D. J. G. *Servit.*, nº 114).

Si le maître d'une source ou d'eaux, provenant de sondages ou de fouilles, empêchait l'écoulement de ses eaux au
point de rendre leur stagnation dangereuse pour la salubrité publique; s'il compromettait celle-ci, en contaminant
gravement ces eaux par un usage artificiel ; ou s'il avait
exécuté, pour l'emploi des dites eaux, des travaux de nature
à submerger de grandes superficies de terrains, répartis
entre un grand nombre de propriétaires, de telle façon que
l'intérêt général fût atteint, l'autorité administrative aurait
le droit d'intervenir et d'ordonner, dans un but d'intérêt
public, et dans un but d'intérêt public seulement, toutes les
mesures nécessaires pour faire cesser un tel usage des
eaux, nuisible à la salubrité et à la sécurité publiques.
Mais l'administration n'aurait pas le droit d'intervenir, s'il
n'y avait en jeu que des intérêts particuliers. Ainsi elle
n'aurait pas le pouvoir de réglementer l'usage des eaux de
sources, ni de celles provenant de fouilles ou d'un sondage
entre divers particuliers qui prétendraient avoir des droits
sur ces eaux; elle ne pourrait prescrire, dans un intérêt
privé, aucune mesure relative à celles-ci.

Loi du 29 avril 1845. — Sous l'empire du Code civil, le propriétaire d'une source, qui voulait en transporter les eaux sur un terrain inférieur, non contigu au terrain de la source, ne pouvait le faire qu'après avoir acquis, par titre ou par prescription, une servitude d'aqueduc sur les fonds intermédiaires. L'acquisition de cet aqueduc était toujours difficile, quelquefois impossible et il arrivait souvent que le maître de la source ne retirait pas des eaux de celle-ci tout le bénéfice qu'il en eût retiré, s'il eût pu obliger les propriétaires intermédiaires à laisser passer ces eaux à travers leurs fonds, pour les utiliser sur un autre fonds inférieur. La loi du 29 avril 1845 sur les irrigations, est venue remédier, en partie, à cet état de choses.

Nous allons examiner cette loi relativement aux eaux de source. Son art. 1er est ainsi conçu : « Tout proprié-
« taire qui voudra se servir, pour l'irrigation de ses pro-
« priétés, des eaux naturelles ou artificielles dont il a le
« droit de disposer, pourra obtenir le passage de ces eaux
« sur les fonds intermédiaires, à la charge d'une juste et
« préalable indemnité. — Sont exceptés de cette servitude
« les maisons, cours, jardins, parcs et enclos attenant aux
« habitations. »

L'art. 4 porte ce qui suit : « Les contestations auxquel-
« les pourront donner lieu l'établissement de la servitude,
« la fixation du parcours de la conduite d'eau, de ses
« dimensions et de sa forme, et les indemnités dues, soit
« au propriétaire du fonds traversé, soit à celui du fonds
« qui recevra l'écoulement des eaux, seront portées de-
« vant les tribunaux, qui, en prononçant, devront concilier

« l'intérêt de l'opération avec le respect dû à la propriété.
« — Il sera procédé, devant les tribunaux, comme en
« matière sommaire et, s'il y a lieu à expertise, il pourra
« n'être nommé qu'un seul expert. »

D'après ces articles, le propriétaire d'un terrain, dans
lequel se trouvent une source, dont les eaux jaillissent
du sol naturellement, ou des eaux artificielles, c'est-à-
dire des eaux provenant de fouilles ou de sondages
exécutés dans ce terrain, peut obtenir du Tribunal l'autorisation de faire passer ces eaux à travers des fonds intermédiaires pour les conduire sur un fonds inférieur. Cette
autorisation ne peut être accordée que dans l'intérêt de
l'irrigation du fonds où l'on veut conduire les eaux et dans
un intérêt sérieux : elle devrait être refusée, s'il n'y avait
qu'un simulacre d'irrigation, pour la commodité d'une
maison de campagne, par exemple, ou pour l'embellisse-
ment d'un parc et a fortiori pour l'exploitation d'une industrie. Mais, par irrigation, il faut entendre aussi bien
l'arrosage d'un jardin, d'une rizière, d'une terre labourable et même de certains bois, suivant Demolombe,
que l'irrigation d'une prairie. « L'art. Ier, dit cet auteur
« (tome I, no 205) se sert du mot propriété qui comprend
« tous les héritages, quel que soit le mode d'exploitation,
« dès que le secours de l'eau peut les servir. Car la loi
« se préoccupe de favoriser l'augmentation de tous les
« produits du sol sans distinction. »

A la différence de l'art. 682 CC, d'après lequel un propriétaire enclavé peut réclamer un passage sur les fonds
voisins, la loi de 1845 laisse le Tribunal libre d'accorder

ou de refuser le passage des eaux sur les fonds intermédiaires, suivant les circonstances. Le Tribunal a donc toute latitude à cet égard et il peut refuser le passage des eaux qui lui est demandé, s'il le croit sans utilité réelle pour l'agriculture ou trop dommageable pour les fonds intermédiaires.

S'il l'accorde, il indiquera dans quelles conditions ce passage devra s'exercer : il déterminera la largeur de la conduite d'eau autorisée, sa profondeur, et dira si elle doit être souterraine ou à ciel ouvert. Le bénéficiaire de la servitude ainsi obtenue aura le droit de faire tout ce qui sera nécessaire à l'exercice de cette servitude, conformément à l'art. 696 CC : ainsi il pourra passer sur les bords de la conduite d'eau autorisée, pour surveiller l'écoulement des eaux et réparer cette conduite, quand cela sera nécessaire, déposer momentanément sur le terrain grevé les vases provenant du curage, le tout à condition de causer le moins de dommage possible à ce terrain.

La servitude, dont il s'agit, ne peut être accordée qu'à charge, par celui qui l'obtient, de payer au propriétaire du terrain traversé une juste et préalable indemnité, qui sera fixée par le Tribunal, si les parties ne s'accordent pas sur ce point, et qui sera calculée d'après l'importance du préjudice causé au propriétaire du terrain grevé par l'établissement et l'exercice de cette servitude. Le propriétaire de ce terrain n'aurait pas le droit de se servir, à leur passage, des eaux qui traversent ainsi sa propriété.

La servitude, qui nous occupe, peut être obtenue, dit l'art. 1er, par tout propriétaire, pour le passage des eaux dont il a le droit de disposer, sans s'occuper de la cause en vertu de laquelle il a ce droit de disposition. Par conséquent, cette servitude peut être accordée au propriétaire du terrain d'où viennent les eaux d'une source naturelle, et celles de fouilles ou de sondage, comme au cessionnaire de ces eaux ou à celui qui aurait acquis sur elles des droits par prescription. Dans aucun cas, la servitude dont il s'agit ne peut, d'après le dernier paragraphe de l'art. 1er, grever les maisons, cours, jardins, parcs et enclos attenant à des habitations.

CHAPITRE II

OBLIGATION POUR LE FONDS INFÉRIEUR DE RECEVOIR LES EAUX DÉCOULANT NATURELLEMENT DE LA SOURCE JAILLISSANT DU FONDS SUPÉRIEUR.

Quand une source jaillit naturellement dans un héritage, si le propriétaire de celui-ci est embarrassé des eaux de cette source, il a le droit de les laisser couler sur les fonds inférieurs. C'est l'art. 640, qui lui confère ce droit dans les termes suivants : « Les fonds inférieurs sont assujettis en- « vers ceux qui sont plus élevés à recevoir les eaux qui « en découlent naturellement sans que la main de l'homme « y ait contribué. Le propriétaire inférieur ne peut point « élever de digue qui empêche cet écoulement. Le pro- « priétaire supérieur ne peut rien faire qui aggrave la ser- « vitude du fonds inférieur. » Cet article oblige le pro- priétaire inférieur à recevoir toutes les eaux, qui découlent naturellement du fonds supérieur, aussi bien les eaux de source que les eaux pluviales et celles provenant de la fonte des neiges. Mais nous ne l'examinerons qu'au point de vue des eaux de source, qui rentrent seules dans notre sujet. Comme il faut que l'eau qui prend naissance dans un fonds, ait un écoulement, sans lequel ce fonds serait submergé, resterait improductif et deviendrait même un danger pour la salubrité publique; et comme cet écoulement ne peut se faire que par les fonds inférieurs, on peut dire que c'est la nature elle-même, qui crée cette faculté pour le propriétaire supérieur de laisser écouler les eaux naturelles de son fonds sur le terrain inférieur, et l'obligation pour le propriétaire de celui-ci de recevoir ces eaux. Il est donc nécessaire que le terrain inférieur soit assujetti, ainsi qu'il vient d'être dit, à l'égard du fonds supérieur : aussi la loi intervient-elle pour consacrer cette nécessité de la nature, marquer la limite des droits de chacun des deux fonds, de façon à ce qu'il n'y ait pas abus de la part du propriétaire du terrain supérieur et à ce que le propriétaire inférieur ne puisse se soustraire à l'obligation qui lui incombe.

Cette obligation a été considérée par le Code comme une servitude, et classée sous la rubrique des servitudes qui dérivent de la situation des lieux. Certains auteurs ont critiqué cette dénomination et ont prétendu que l'assujettissement, qui nous occupe, du fonds inférieur à l'égard du fonds supérieur, ne constitue pas une véritable servitude. Le mot servitude, disent-ils, implique l'idée d'une exception à la règle générale, d'une dérogation au droit commun : or l'obligation imposée par l'art. 640 au fonds inférieur, de recevoir les eaux découlant naturellement du fonds supérieur, est imposée à *tous* les fonds indistinctement : elle est donc le droit commun de la propriété en France, et, par conséquent, elle ne constitue pas une servitude. Demolombe s'exprime ainsi sur ce point (*Servit.*, tome I, n° 16) : « Voilà « pourquoi le législateur est intervenu dans l'intérêt privé « des propriétaires et dans l'intérêt général de la société, « non pour créer ici une servitude, mais pour constater la « situation naturelle des lieux, et afin que chacun soit tenu « de s'y conformer et de la maintenir : car, suivant le mot « très juste d'Ulpien, *non aqua sed natura loci nocet.* » Il est certain que l'assujétissement naturel du fonds inférieur, à l'égard du fonds supérieur, dont parle l'art. 640, ne constitue pas une véritable servitude, ayant les caractères de la servitude conventionnelle et que, par conséquent, toutes les règles de celles-ci ne sont pas applicables à l'assujétissement dont parle cet article, qui se borne à reconnaître une de ces obligations de voisinage, indépendantes, en quelque sorte, de la volonté des législateurs ; car elles ont toujours existé et existeront toujours. Mais comme cet assujétissement est une charge, qui peut gêner et diminuer l'exercice du droit de propriété du fonds inférieur, un service que doit ce fonds au fonds supérieur, on comprend comment le Code a qualifié ce service, cette charge, de servitude.

L'art. 640 établit une distinction implicite entre les eaux, qui découlent naturellement du fonds supérieur et les eaux dont l'écoulement est le fait du propriétaire de ce fonds. Le propriétaire du fonds inférieur est tenu de supporter les premières : il ne peut rien faire qui empêche leur écoulement; mais il a, au contraire, le droit de s'opposer à ce que les secondes coulent sur son fonds. Dans le premier cas, la nature elle-même impose cet assujétissement au fonds inférieur, et dans le deuxième cas cette nécessité n'existe pas. Donc pour que le fonds inférieur soit tenu de recevoir les eaux, qui découlent du fonds supérieur, il faut que ces eaux s'échappent d'elles-mêmes de ce fonds et qu'elles arrivent sur le fonds inférieur en suivant la pente naturelle du sol, c'est-à-dire en suivant le cours que la configuration primitive des héritages leur a imprimé.

C'est parce que la charge qui grève le fonds inférieur à l'égard du fonds supérieur est une nécessité de la nature, que le propriétaire inférieur n'aurait droit à aucune indemnité, lorsqu'il éprouverait un préjudice résultant de l'écoulement naturel sur son fonds des eaux du terrain supérieur. Ainsi, si, par suite de cet écoulement, le fonds inférieur se trouve dans un état d'humidité permanente nuisible à la culture, si ses plantations périssent, si les eaux y charrient des pierres, par exemple, y produisent un éboulement préjudiciable à ce fonds, le propriétaire de celui-ci n'a aucune action en indemnité contre le propriétaire de la source; car ce sont là des accidents de la nature, et nul n'est responsable de ces accidents. Réciproquement, le propriétaire du fonds supérieur ne pourrait réclamer au propriétaire inférieur les terres végétales, le sable ou autres matériaux utilisables, amenés naturellement sur le fonds de ce dernier par les eaux ou descendus par l'effet de la pente du sol.

Si le propriétaire de la source a absorbé, pendant trente

ans, les eaux de cette source sur le fonds où elles naissent, ou s'il les a détournées pendant ce temps de leur cours naturel, il n'a pas perdu pour cela le droit de les laisser écouler naturellement, après l'expiration de ces trente ans, sur le fonds inférieur, parce que ce droit, que lui confère l'art. 640, est un droit de pure faculté, qui ne se perd pas par le non usage (art. 2.232). Ce droit ne serait éteint que si le propriétaire du fonds inférieur avait exécuté, depuis plus de trente ans, un ouvrage faisant obstacle à l'écoulement naturel des eaux sur son fonds et constituant une contradiction à l'égard du droit du propriétaire de la source.

L'art. 640, ne disant pas que le fonds inférieur doit être contigu au fonds supérieur où naît la source, pour être tenu de supporter les eaux découlant naturellement de cette source, il s'en suit que le propriétaire inférieur est tenu de recevoir ces eaux, lors même qu'il serait séparé du terrain de la source par d'autres terrains et même par la voie publique, si elles lui sont amenées par la pente naturelle du sol. Arrêt de Cassation, req., du 3 août 1852 (D. 1852. I. 220). Un autre arrêt de la Cour de Cassation, req., du 24 juin 1867 (D. 1867. I. 503), a jugé, dans ce même sens, que des eaux sont réputées couler naturellement d'un fonds supérieur, vers le fonds inférieur, qui est dès lors tenu de les recevoir, d'après l'art. 640, quoiqu'elles n'y arrivent qu'après avoir coulé sur un chemin public établi de main d'homme, si elles n'en suivent pas moins la pente naturelle du terrain, et alors, en tous cas, que l'état actuel du chemin, remontant à une époque ancienne, dont la date n'est pas même connue, doit être considéré comme constituant la situation naturelle des lieux, relativement aux obligations imposées au fonds inférieur par l'art. 640.

L'art. 640 est applicable à tous les fonds inférieurs sans distinction, et dès lors, aux terrains dépendant du domaine de l'Etat ou du domaine communal, et par conséquent, à la voie publique. Il est d'autant plus certain que celle-ci ne peut se soustraire à cet assujétissement, qu'il est dans sa destination, puisqu'elle est obligée de recevoir même les eaux pluviales, qui ne lui arrivent pas naturellement, sauf le pouvoir règlementaire de l'administration.

Nous avons dit que, pour que le propriétaire du terrain inférieur soit tenu de supporter les eaux du terrain supérieur, il faut : 1o que ces eaux soient naturelles ; 2o que leur écoulement ait lieu en suivant la pente naturelle du sol. Examinons d'abord la première de ces conditions.

L'eau d'une source jaillissant d'elle-même du sol est incontestablement une eau naturelle, que le propriétaire inférieur doit recevoir si elle lui arrive par la pente naturelle du sol. Mais si l'eau a été obtenue par le propriétaire supérieur soit à l'aide de fouilles, de tranchées, de conduits souterrains ou à ciel ouvert, soit au moyen de sondages exécutés dans son fonds ou dans les fonds situés plus haut, cette eau n'est plus alors une eau naturelle, et le fonds inférieur n'est pas tenu de la recevoir. Le propriétaire inférieur pourrait exiger que des eaux ayant une telle origine, fussent détournées de son fonds. S'il y avait impossibilité de le faire, soit parce que les lieux ne pourraient être rétablis dans leur ancien état, soit parce que les eaux, provenant par exemple d'un puits artésien, seraient trop abondantes pour être refoulées dans le sol, soit parce que le propriétaire supérieur ne pourrait les conduire sur un autre fonds, ce propriétaire inférieur aurait droit à des dommages-intérêts en réparation du préjudice, qu'il éprouverait par suite de l'écoulement des eaux en question sur sa propriété.

Mais si une source, inconnue précédemment, venait à se manifester d'elle-même sur un fonds, le propriétaire inférieur en devrait recevoir les eaux qui lui arriveraient par la pente naturelle du sol.

Le propriétaire du fonds inférieur serait-il tenu de recevoir les eaux d'une source nouvelle, dont l'ouverture serait due à des travaux ordinaires de culture exécutés sur le terrain supérieur, tels que son défrichement total ou partiel, le nivellement de quelque portion de ce terrain plus élevé que le reste, le creusement d'un fossé? Pardessus (tome I, n° 83) admet l'affirmative, parce que, dit-il, cet évènement lui semble n'être que la conséquence du droit du propriétaire de faire les travaux propres à l'amélioration de son fonds et, parce qu'alors, l'écoulement lui paraît devoir être considéré comme naturel. Demolombe (*Servit.* tome I, n° 26) est d'avis qu'il est plus juridique de décider que, dans les cas qui viennent d'être indiqués, le propriétaire inférieur n'est pas tenu de supporter les eaux. On objecte qu'en exécutant les travaux dont il vient d'être parlé, le propriétaire du fonds supérieur ne pouvait prévoir qu'une source en jaillirait. Mais, à notre avis, cette objection est sans valeur, car le propriétaire d'un fonds ne peut rien faire qui soit préjudiciable au voisin ou qui n'ait été autorisé par la loi. Or, celle-ci permettant seulement au propriétaire supérieur de laisser écouler les eaux naturelles sur le terrain inférieur, le propriétaire de ce dernier terrain n'est pas tenu de supporter les eaux, qui n'y sont arrivées que par le fait du propriétaire supérieur. Il importe peu, du reste, que celui-ci, en exécutant ses travaux, ait prévu ou non le préjudice qu'il allait causer à son voisin. Dalloz, dans son Répertoire de doctrine et de jurisprudence. examinant le cas qui nous occupe, s'exprime ainsi (V⁰ *Servit.*, n⁰ 88) : « Toutefois, comme on peut dire que la « source est venue presque naturellement, et que c'est « le résultat de la constitution du terrain bien plutôt que « des travaux du propriétaire supérieur, il faudrait que « le préjudice du propriétaire inférieur fût grave et bien « établi, pour que les tribunaux dussent avoir égard à « sa réclamation. » L'argumentation de Dalloz est déterminée par une considération d'équité, mais elle ne nous paraît pas juridique : car l'art. 640 oblige le propriétaire inférieur à supporter les eaux qui découlent naturellement et non celles qui découlent presque naturellement du fonds supérieur, et cet article ne peut être étendu au delà de ses termes. D'autre part, s'il n'y a pas d'action là où il n'y a pas d'intérêt, il n'est pas nécessaire, pour que l'action soit fondée, que le préjudice que l'action a pour but de faire cesser. soit grave. Un préjudice, même léger, fût-il seulement futur ou éventuel, autorise l'action. Dès lors, nous sommes d'avis que le propriétaire inférieur peut agir contre le propriétaire supérieur, pour l'obliger à ne plus laisser couler sur le fonds inférieur des eaux prove-

nant du fonds supérieur, même dans les cas cités par Dalloz, du moment que ces eaux ne sont sorties du sol que
par le fait de l'homme, sans lequel elles ne seraient pas
arrivées sur le terrain inférieur.

Mais si le fonds inférieur avait reçu, pendant plus de
trente ans, sans protestation, les eaux découlant d'une
source obtenue à l'aide de travaux exécutés sur le fonds
supérieur, par le propriétaire de ce fonds, celui-ci pourrait
invoquer la prescription de l'art. 690, pour continuer à faire
écouler ces eaux sur ce fonds inférieur.

La deuxième condition, avons-nous dit, qui est exigée
pour que le propriétaire inférieur soit tenu de supporter
les eaux du terrain supérieur, est que ces eaux lui arrivent
en suivant la pente naturelle du sol : car, si l'eau qui jaillit
d'elle-même du fonds supérieur n'arrive sur le fonds inférieur, que parce que la pente primitive du fonds supérieur
a été modifiée par la main de l'homme ou à l'aide, par
exemple, d'aqueducs ou de canaux créés de main d'homme,
le propriétaire inférieur n'est pas tenu de les supporter. Le
texte de l'art. 640 est formel : il proscrit donc tout écoulement artificiel.

Cependant tout changement au mode primitif d'écoulement des eaux du terrain supérieur n'est pas interdit au
propriétaire de ce terrain. Ce qui lui est défendu, c'est de
modifier l'écoulement naturel, de façon à amener sur le
fonds inférieur des eaux qui n'y arrivaient pas avant ces
modifications, ou qui n'y arrivaient pas d'une façon aussi
onéreuse ni aussi dommageable pour ce fonds. Pardessus
(*Traité des Servitudes,* tome I, page 201) s'exprime ainsi

sur ce point : « La culture est l'état naturel des fonds. La
« loi ne prohibe que l'immission dans l'héritage inférieur
« des eaux qui n'y seraient jamais tombées par la disposi-
« tion du terrain ; elle n'a ni voulu ni pu refuser au pro-
« priétaire supérieur le droit d'aider et de diriger l'écoule-
« ment naturel. » Demolombe (tome I, page 48) se range à
l'opinion de Pardessus ; comme celui-ci, il enseigne que le
propriétaire supérieur « a le droit de changer le mode
« d'exploitation de sa propriété, de faire par exemple d'une
« terre labourable un vignoble ou un pré, lors même qu'il
« en résulterait une certaine aggravation dans l'écoulement
« des eaux pour les propriétés inférieures. Le droit de pro-
« priété, l'intérêt général de l'agriculture et, par suite, de
« la société tout entière, ne permettent pas de donner une
« autre interprétation à l'art. 640..... Les propriétaires
« inférieurs ne sont donc pas fondés à se plaindre, lorsque
« d'ailleurs ces ouvrages ne changent pas la direction na-
« turelle des eaux et ne transportent pas la servitude sur
« un fonds qui, d'après la situation des lieux, ne devrait
« pas y être assujetti ; car nous ne croyons pas que, pour
« la culture de son fonds, le propriétaire supérieur puisse
« imposer, par son fait, cette servitude à un fonds plutôt
« qu'à un autre. Et ce que nous disons des ouvrages, qui
« ont pour but la culture des champs, il faut aussi l'appli-
« quer, dans une certaine mesure, aux travaux de cons-
« truction ou autres semblables que le propriétaire supé-
« rieur ferait sur son fonds. »

Un arrêt de la Cour de Cassation, req., du 31 mai 1848 (D.
1848. I. 154) a jugé que le propriétaire d'un fonds est tenu

de recevoir les eaux de l'héritage supérieur, quoique, par suite des travaux exécutés dans ce dernier fonds, le cours des eaux soit devenu plus abondant et plus continu que celui résultant de la disposition naturelle des lieux, si d'ailleurs le maître du fonds inférieur n'en souffre aucun préjudice.

La question du préjudice est donc dominante, et doit toujours être examinée dans les cas qui nous occupent. Le propriétaire supérieur a le droit d'aider et de diriger, par des ouvrages, l'écoulement naturel des eaux dans l'intérêt de son fonds, à condition que le propriétaire inférieur n'en éprouve pas de préjudice. Mais, si les travaux et changements exécutés par le propriétaire supérieur causaient au propriétaire du terrain inférieur un préjudice tant soit peu sérieux, actuel, futur ou même éventuel, celui-ci pourrait s'en plaindre et en demander la cessation, en vertu du dernier paragraphe de l'art. 640, qui porte que « le pro- « priétaire supérieur ne peut rien faire qui aggrave la ser- « vitude du fonds inférieur. »

Quand il y a désaccord entre les parties sur l'état naturel des lieux, qui doit indiquer de quel côté les eaux s'écoulaient naturellement et doivent par conséquent continuer à s'écouler, d'après l'art. 640, comment déterminer cet état primitif? Car les lieux peuvent avoir été modifiés diversement, par des mouvements de la nature, par le genre de culture auquel ils ont été soumis, par les divers travaux que leurs propriétaires y ont exécutés, de telle manière que leur état actuel ne permette plus de reconnaître leur état originaire. Si l'état actuel existe depuis plus de 30 ans, il faut, suivant l'opinion de Pardessus et celle de Demolombe, le considérer comme l'état primitif, et adopter, comme écoulement naturel des eaux, l'écoulement qui se produit sur des lieux qui n'ont pas changé depuis plus de 30 ans. Il y a présomption, disent ces auteurs, qui appliquent à la question les règles de la prescription, que si une partie a subi, pendant plus de trente ans, les eaux du terrain supérieur, c'est parce qu'elle y était originairement obligée, en vertu de la disposition naturelle des lieux, ou parce qu'elle s'y est soumise volontairement ou moyennant une indemnité, qui lui a été versée par un autre voisin, qui n'a pas voulu être grevé, ou enfin parce que son terrain s'est trouvé assujetti par suite de la destination du père de famille. Ils ajoutent qu'il serait, d'autre part, bien difficile de savoir exactement dans quel état étaient les lieux plus de trente ans auparavant. Si, au contraire, l'état actuel n'existe pas depuis trente ans, et s'il n'y a pas de titre pour indiquer l'état ancien, le tribunal, suivant les mêmes auteurs, devrait recourir à une expertise et ordonner que les eaux eussent leur écoulement par le fonds auquel elles causeraient le moins de dommage. Les solutions, que nous venons d'indiquer, devraient être appliquées aussi bien dans le cas d'une contestation entre le propriétaire supérieur et le propriétaire inférieur, que si la difficulté s'élevait entre divers propriétaires inférieurs, pour savoir lequel, parmi eux, devrait supporter les eaux découlant naturellement du terrain supérieur.

Contamination des Eaux. — Le propriétaire d'une source, ayant le droit de faire des eaux de celle-ci tel emploi qui lui convient, peut, par conséquent, les corrompre, si bon lui semble, à condition toutefois qu'il les conserve sur son fonds, ou qu'il ne les envoie ensuite qu'à un propriétaire inférieur, qui consente à les recevoir dans cet état. Mais, s'il veut abandonner les eaux de sa source à leur cours naturel, il n'a pas le droit de les corrompre avant de leur laisser suivre ce cours. Et s'il le fait, le propriétaire inférieur peut refuser de recevoir ces eaux contaminées. C'est là une conséquence du principe d'après lequel l'écoulement doit être naturel, naturel dans son cours, comme dans la qualité ou l'état des eaux, qui arrivent de la source sur le fonds inférieur.

Si l'eau est de mauvaise qualité, quand elle sort de la source et qu'elle s'écoule naturellement, le propriétaire du fonds inférieur doit la subir telle qu'elle est, puisque l'écoulement a eu lieu dans les conditions de la loi. Mais si, au contraire, l'eau est claire et pure, quand elle jaillit du sol, le propriétaire de la source ne pourrait, sans violer l'art. 640, avant de l'abandonner au fonds inférieur, s'en servir de façon à la corrompre, au point de la rendre impropre aux usages domestiques ou à l'agriculture. Mais il a évidemment le droit de faire des eaux de cette source un usage normal et régulier, quand même, par cet usage, il en altérerait, dans une certaine mesure, la pureté primitive. Lui refuser cette faculté, serait diminuer considérablement l'étendue des droits du propriétaire d'une source sur les eaux de celle-ci et enlever ainsi aux fonds dans lesquels se trouvent des sources une grande partie de la valeur, qu'ils doivent précisément à la présence de ces sources. Ce que la loi défend, c'est l'abus. « Les termes « généraux de l'art. 640, dit Demolombe (*Servit.*, tome I, « n° 40), doivent recevoir une interprétation intelligente et « équitable, qui concilie le droit du propriétaire supérieur « avec celui du propriétaire inférieur. Dans quel cas. et. « pour quels usages le propriétaire supérieur pourra-t-il « se servir des eaux? C'est là une question qui ne pour- « rait être résolue en théorie dans des termes absolus. « Tout dépendra des circonstances particulières du fait. »

Deux arrêts de la Cour de Rouen, l'un du 18 mars 1839 (D. 1845, II, 169), l'autre du 8 juin 1841 (D. 1845, II, 168), ont décidé que, quand le propriétaire d'une source fait de ses eaux un usage qui en altère la qualité, les tribunaux peuvent ordonner que leur volume soit divisé en deux parts, dont l'une doit arriver au fonds inférieur dans son état de pureté naturelle, et dont l'autre peut être employée par le propriétaire de la source, comme il l'entend, et être contaminée même, par cet usage, si c'est nécessaire. Ces deux arrêts sont rendus dans l'esprit de conciliation conseillé par Demolombe, qui les cite, les déclare juridiques et s'exprime ainsi à leur égard : le propriétaire supérieur qui altérait les eaux en les employant au service d'une usine « n'était pas recevable « à se plaindre de la mesure de conciliation adoptée, « car s'il avait invoqué le droit absolu qu'il avait sur les « eaux de la source née dans son fonds, le propriétaire « inférieur aurait pu invoquer à son tour le droit absolu

« qu'il avait de ne recevoir les eaux que dans leur état
« naturel. » (*Servit.*, tome I, n° 41.)

L'art. 640, après avoir dit que les fonds inférieurs doivent recevoir les eaux découlant naturellement du fonds
supérieur, s'exprime ainsi dans son deuxième paragraphe :

« Le propriétaire inférieur ne peut point élever de digue
« qui empêche cet écoulement. »

Non seulement le propriétaire inférieur ne doit pas
élever de digue, mais il ne peut rien faire qui entrave
d'une façon quelconque l'écoulement naturel des eaux
des terrains supérieurs et les fasse refluer sur ceux-ci.
Il n'aurait donc pas le droit de changer la disposition
primitive de sa propriété, ni même d'y faire des plantations, si ces innovations devaient gêner l'écoulement naturel des eaux et déterminer leur reflux sur le fonds
supérieur. S'il veut se clore, il est tenu de laisser des
ouvertures suffisantes pour l'écoulement des eaux.

Mais le propriétaire inférieur a le droit de faire, dans
son fonds, tout ce qui peut rendre l'écoulement des eaux
supérieures moins dommageable à ce fonds, sans gêner
cet écoulement. Ainsi il peut combler les ravins creusés
par les eaux, à condition qu'en exécutant ce travail, il
ne fasse pas refluer celles-ci sur les terrains supérieurs
ou sur les terrains voisins; car les propriétaires voisins
ne sont pas obligés de supporter les eaux, qui ne leur
arrivent que parce que le propriétaire, dont le terrain
devrait être assujetti, d'après la pente naturelle du sol,
a modifié cette pente ou a exécuté des travaux, pour
rejeter ces eaux sur eux. Si l'eau découle du terrain su-

périeur, non par un lit fixe et déterminé, mais en plusieurs lits ou en se répandant sur toute la surface du fonds inférieur, il est certain que le propriétaire de ce fonds a le droit de recevoir en un seul lit, dans l'intérêt de sa propriété, la totalité des eaux qui découlent du fonds supérieur, mais toujours à la condition de ne pas gêner l'écoulement naturel de l'eau.

Si le lit creusé sur le terrain inférieur par suite de l'écoulement naturel des eaux du terrain supérieur, vient à être encombré autrement que par le fait du propriétaire inférieur, celui-ci n'est pas tenu d'en opérer le curage ; mais le propriétaire supérieur a le droit de pénétrer sur le terrain inférieur pour exécuter le curage à ses frais, et il ne doit, de ce chef, aucune indemnité : c'est une conséquence de l'art. 697.

S'il y avait, sur le fonds supérieur, un monticule, une sorte de digue naturelle, une configuration particulière et naturelle de ce fonds, protégeant le fonds inférieur contre l'action ou la violence des eaux, découlant du fonds supérieur, le propriétaire de celui-ci ne pourrait modifier cette disposition particulière, protectrice du terrain inférieur. S'il le faisait, le propriétaire de ce dernier terrain aurait le droit d'exiger la remise du terrain supérieur dans son état ancien, et des dommages-intérêts, s'il avait éprouvé un préjudice par suite de la modification imputable au propriétaire supérieur.

Si une digue, protégeant le terrain inférieur contre la violence des eaux, découlant naturellement du terrain supérieur, avait été établie par le propriétaire supérieur lui-même sur son fonds, celui-ci aurait le droit de la détruire quand bon lui semblerait, lors même que cette digue existerait depuis plus de 30 ans, car le fait, de la part du propriétaire supérieur, d'avoir laissé sur son fonds la digue en question, et de la détruire, quand il croit devoir le faire, n'est qu'un acte de pure faculté qui, aux termes de l'art. 2.232 CC, ne confère pas de possession utile à prescrire.

Mais si une digue protectrice des terrains inférieurs, naturelle ou établie par le propriétaire supérieur sur son fonds, venait à être détruite par accident ou par force majeure, Demolombe (*Servit.*, tome I, n° 44) enseigne que le propriétaire inférieur pourrait faire rétablir, à ses frais, cette digue, si d'ailleurs ce rétablissement ne causait pas de préjudice au propriétaire supérieur. Il va même jusqu'à prétendre que le propriétaire inférieur pourrait être autorisé par le Tribunal à créer, à ses frais, sur le terrain supérieur une digue ou tout autre ouvrage nouveau, diminuant pour son terrain le dommage résultant de l'écoulement des eaux, si le propriétaire supérieur n'avait pas d'intérêt à s'opposer à l'établissement de cet ouvrage.

Article 2 de la loi du 29 avril 1845. — Celui qui a obtenu du Tribunal, en vertu de l'art. 1er de la loi du 29 avril 1845, l'autorisation de faire passer, à travers des terrains intermédiaires, les eaux dont il a la disposition, pour les employer à l'irrigation de son fonds, a le droit de faire écouler ces eaux sur les fonds inférieurs, après s'en être servi pour cette irrigation. C'est l'art. 2 de la loi du 29 avril 1845 qui lui confère ce droit dans les termes suivants :

« Les propriétaires des fonds inférieurs devront recevoir
« les eaux qui s'écouleront des terrains ainsi arrosés (sui-
« vant l'art. 1er), sauf l'indemnité qui pourra leur être due.
« — Seront également exceptés de cette servitude les mai-
« sons, cours, jardins, parcs et enclos attenant aux habi-
« tations. »

Cette servitude d'écoulement des eaux, provenant des terrains arrosés en vertu de l'art. 1er de la loi de 1845, est une deuxième servitude, accordée par cette loi à celui qui a la disposition des eaux. Elle se lie intimement à celle que lui confère l'art. 1er de la même loi, et elle est, en quelque sorte, la même servitude qui se continue sur les fonds infé-rieurs. Dès que l'on accorde à un propriétaire l'autorisation de conduire des eaux sur son fonds, il faut bien lui fournir les moyens d'écoulement nécessaires. Cette deuxième ser-vitude, écrite dans l'art. 2 de la loi, est donc la consé-quence forcée de celle édictée par l'article précédent. Par conséquent, du moment que l'autorisation a été accordée au maître des eaux, de conduire celles-ci sur son fonds pour l'irriguer, les propriétaires inférieurs sont obligés de recevoir ce qui reste de ces eaux, après qu'elles ont été employées à l'irrigation de ce fonds. L'art. 640 du Code civil n'assujétit les fonds inférieurs à recevoir des fonds supérieurs que les eaux naturelles et qui en découlent naturellement. Mais, comme, d'après l'art. 1er de la loi de 1845, un propriétaire peut obtenir du Tribunal l'autori-sation de conduire sur son fonds, pour l'irriguer, les eaux

dont il a la disposition, c'est-à-dire aussi bien les eaux artificielles que les eaux naturelles, il s'en suit que les propriétaires inférieurs sont tenus de recevoir les eaux découlant
des terrains irrigués en vertu de l'art. 1er prérappelé, quelle
que soit la nature de ces eaux, qu'elles aient jailli naturellement du sol ou qu'elles n'aient été obtenues que par un
sondage, des fouilles ou de toute autre manière. L'art. 2
consacre donc une extension considérable du principe
établi par l'art. 640 CC.

A la différence de l'art. 1er, qui porte que l'autorisation
de faire passer les eaux d'irrigation à travers des terrains
intermédiaires, ne doit être accordée qu'à la charge d'une
juste et préalable indemnité, le texte de l'art. 2 dit : sauf
l'indemnité qui *pourra* être due. Le Tribunal est donc libre d'accorder ou de refuser l'indemnité, suivant les cas.
Les auteurs de la loi de 1845 ont pensé que la servitude
d'écoulement, qu'ils établissaient par l'art. 2 de cette loi,
serait, la plupart du temps, un avantage pour les terrains
inférieurs : mais s'il en résultait quelque dommage pour
ceux-ci, le fonds servant en devrait la réparation.

L'écoulement devra se faire sur les terrains inférieurs,
suivant la pente naturelle du sol; mais s'il y a difficulté
à cet égard, et si les propriétaires inférieurs ne sont pas
d'accord sur le point de savoir quel sera, parmi eux, celui qui devra supporter les eaux ayant servi à l'irrigation
du fonds supérieur, c'est le Tribunal qui devra désigner,
d'après les circonstances, les fonds par lesquels devra
s'exercer la servitude d'écoulement, créée par la loi qui
nous occupe. « Il se pourrait, dit Demolombe (*Servit.*,

« tome I, nᵒ 219), que ceux (les fonds) vers lesquels la
« pente du sol dirigerait naturellement les eaux ne fussent
« pas néanmoins assujétis à les recevoir, si, par exemple,
« on y rencontrait des difficultés considérables d'exécution,
« ou encore s'ils étaient relativement d'un tel prix, que
« l'équité commandât de donner une autre direction à
« l'écoulement. » Le Tribunal pourrait même ordonner que
le propriétaire du fonds irrigué fît exécuter, à ses frais,
les ouvrages qui paraîtraient nécessaires pour diminuer le
préjudice causé par l'écoulement aux fonds inférieurs.

CHAPITRE III

DROITS QUE LES TIERS PEUVENT ACQUÉRIR SUR LA SOURCE PAR TITRE, DESTINATION DU PÈRE DE FAMILLE OU PRESCRIPTION.

Celui qui a une source dans son fonds a, comme nous l'avons vu, la propriété de cette source, qui est soumise aux règles ordinaires du droit de propriété. Cette propriété est immobilière, comme le fonds dont elle fait partie : elle est, dès lors, susceptible de tous les droits pouvant affecter un immeuble. Les moyens de constituer ces droits, au profit des tiers, sont le titre, la destination du père de famille et la prescription. Occupons-nous d'abord du titre.

TITRE

Le titre est l'acte par lequel un tiers obtient, du propriétaire d'une source, la concession volontaire d'un droit sur cette source. Cet acte peut être un testament, une donation entre vifs ou un contrat à titre onéreux. Il doit évidemment émaner du propriétaire de la source, car lui seul a qualité pour aliéner ou pour restreindre ses droits de propriété sur elle ; et il est certain qu'une concession, émanant d'une autre personne, serait sans valeur et ne pourrait être opposée au propriétaire de la source. Ainsi, si des propriétaires inférieurs s'étaient partagé la jouissance des eaux d'une source, découlant d'un terrain supérieur ne leur appartenant pas, et sans l'intervention du propriétaire de cette source, ce partage, bien que valable entre ces copartageants, ne saurait être opposé au propriétaire de la source, à l'égard duquel il resterait *res inter alios acta*. Pardessus enseigne que, si ce partage avait été fait ou homologué par l'autorité compétente, il serait opposable au propriétaire de la source. Cette opinion nous paraît inadmissible ; car les tribunaux, pas plus que l'administration, n'ont pas le pouvoir de priver le maître d'une source de la faculté d'en disposer comme il lui convient et de restreindre ses droits sur cette source, en dehors des cas prévus par la loi.

Quand l'administration autorise l'établissement d'une usine sur les bords d'un cours d'eau, alimenté par une source appartenant à un particulier, elle a l'habitude de réserver les droits des tiers ; mais lors même que cette réserve ne serait pas insérée expressément dans l'arrêté, elle est de droit ; et cet arrêté ne pourrait en rien affecter les droits du propriétaire de la source, puisque, comme nous l'avons déjà dit, l'administration ne peut porter atteinte à la propriété privée de celui qui a une source dans son terrain.

Sous la féodalité, les seigneurs avaient sur les rivières non navigables des droits de propriété ou de police. Quand un moulin ou une autre usine avaient été établis sur un tel cours d'eau, par un seigneur ou par un riverain inférieur autorisé par celui-ci, les droits du propriétaire de la source alimentant ce cours d'eau, n'étaient en rien atteints par l'établissement de cette usine. Cette source était restée, comme aujourd'hui, la propriété privée de celui auquel appartenait le terrain dans lequel elle se trouvait; il pouvait en disposer à son gré et la détourner même du cours d'eau, sur lequel l'usine avait été construite. L'usinier n'aurait eu un droit sur la source, que si le seigneur, qui avait autorisé l'établissement de cette usine, avait été propriétaire foncier de cette source et avait accordé la concession, en cette dernière qualité en même temps que comme chargé de la police du cours d'eau. Cependant Pardessus prétend qu'une usine, autorisée par un ancien seigneur féodal non propriétaire de la source, est fondée en titre, à l'encontre du propriétaire de cette source; mais c'est là, à notre avis, une opinion erronée; le seigneur féodal n'ayant pas autrefois plus de pouvoirs à cet égard qu'aujourd'hui l'autorité administrative. Plusieurs fois, la question a été soumise aux tribunaux civils, relativement à des usines, construites avant 1789, avec l'autorisation du seigneur féodal, notamment relativement à des moulins, et, presque toujours, les tribunaux l'ont jugée justement, à notre avis, dans un sens opposé à l'opinion de Pardessus. Quand on se trouvera en présence d'un titre ancien, relatif à l'autorisation d'une usine, il faudra donc examiner si la concession a été faite par le seigneur en tant que seigneur féodal ou bien comme propriétaire de la source : dans le premier cas il n'y aura pas de titre, dans le deuxième, au contraire, l'usinier aura un droit sur la source.

Le propriétaire de la source peut avoir acquis, en vertu d'un titre, le droit d'en faire écouler les eaux sur un fonds, qui n'aurait pas été tenu, d'après la loi, de les supporter ; dans ce cas, le titre confère au propriétaire de la source une servitude active sur le fonds inférieur. Mais le titre peut, au contraire, conférer aussi au propriétaire inférieur un droit sur la source, de même qu'il peut conférer un droit réciproque, en faveur des deux fonds. Le juge devra donc examiner avec soin le titre produit, rechercher l'intention commune des parties, pour savoir et déterminer exactement en faveur ou au profit de laquelle le titre a été consenti.

Certains auteurs prétendent que le propriétaire d'un fonds, dans lequel se trouve une source, ne peut pas céder la propriété de cette source, s'il ne vend pas en même temps le fonds qui la renferme ; ils soutiennent que le propriétaire du fonds qui conserve celui-ci, ne peut concéder sur la source existant dans ce fonds que des droits de servitude ou d'usage. Nous n'admettons pas cette opinion, et, suivant nous, le Code n'ayant établi aucune différence entre la propriété ordinaire et la propriété d'une source, le propriétaire du fonds dans lequel jaillit une source a le droit de vendre celle-ci, soit avec le fonds lui-même, soit séparément ; et dans ce dernier cas, l'acquéreur de la source en devient propriétaire comme l'était le propriétaire primitif, aux droits et aux obligations duquel il a succédé ; et il peut à son tour céder à un nouvel acquéreur la propriété de cette source. Cette opinion a été consacrée par un arrêt de la Cour de Cassation du 19 novembre 1855 (D. 1856. I. 345), dans lequel nous lisons ce qui suit : « Attendu qu'il « résulte du jugement attaqué, que la source dont s'agit, « prend naissance dans la cave de la veuve Thibaut ; qu'elle « a vendu cette propriété à Trinquet, demandeur, qui au « moyen d'un canal pratiqué sous un chemin public, con- « duit sur son fonds les eaux de cette source. »

Le propriétaire d'un terrain dans lequel se trouve une source peut donc aliéner celle-ci en totalité ou en partie au profit d'un tiers, la louer, constituer sur elle un droit d'usage ou des servitudes même discontinues, telles que celles de puisage ou d'abreuvage. La concession de ces divers droits peut être faite, comme nous l'avons déjà dit, par testament, donation entre vifs ou contrats à titre oné- reux, tels que vente, échange, partage, transaction, bail, dans les formes prescrites par la loi pour ces divers actes. Nous n'avons pas à rappeler ici les formalités exigées pour la validité de ces actes, dont l'exposé ne rentre pas dans notre cadre. Nous faisons observer seulement qu'à l'excep- tion du testament, du partage et du bail d'une durée ne dépassant pas dix-huit ans, tous les actes, contenant une concession sur une source, doivent être soumis à la trans- cription, en vertu de l'art 939 CC, si l'acte de concession est une donation, et des art. 1 et 2 de la loi du 23 mars 1855, si la concession est contenue dans un des autres actes que nous avons indiqués plus haut.

Mais si le titre, au lieu de transférer la propriété de la

source à un tiers, lui confère seulement un droit de servitude ou un droit d'usage sur cette source, les effets de cette concession sont bien différents. « Une servitude est, « dit l'art. 637, une charge imposée sur un héritage pour « l'usage et l'utilité d'un héritage appartenant à un autre « propriétaire. » Dès lors, la servitude n'est due qu'au fonds pour lequel elle a été établie et aux besoins duquel elle est limitée : elle est donc inséparable de ce fonds. Le tiers qui l'a acquise au profit de son fonds, peut y renoncer, mais il ne peut la céder sans céder en même temps ce fonds. Demolombe (*Servit.*, tome I, page 112) adopte ces principes : mais il admet cependant que cette règle, ayant seulement pour but d'empêcher l'aggravation de la servitude au préjudice du fonds servant, ne peut plus être invoquée, lorsque la disposition que le propriétaire dominant a faite des eaux, ne change pas la situation du fonds asservi. A ce tempérament de Demolombe, nous préférons la stricte application du principe inscrit dans l'art. 637, qui était déjà le principe de la loi romaine. Notre conclusion est donc celle-ci : si le propriétaire de la source a voulu en transférer la propriété totale ou partielle, le droit concédé est transmissible ; s'il a voulu seulement concéder une servitude, la loi ne permet pas au concessionnaire de cette servitude de la céder, en la séparant du fonds en faveur duquel elle a été constituée.

Le droit d'usage ne peut pas davantage être cédé, mais pour un motif différent ; ce droit est essentiellement attaché à la personne et, d'après l'art. 631, celui qui l'a obtenu ne peut ni le céder ni le louer.

Il est par conséquent extrêmement important de rechercher dans le titre l'intention commune des parties, pour savoir si la concession transfère la propriété de la source, ou constitue seulement sur elle un droit de servitude ou un droit d'usage.

Si le concessionnaire est devenu, par son titre, propriétaire de tout ou de partie des eaux de la source, il pourra invoquer le bénéfice de la loi du 29 avril 1845 sur les irrigations, et obtenir des tribunaux, conformément à l'art. 1 de cette loi, le passage à travers les terrains intermédiaires, des eaux qu'il a acquises du maître de la source et conduire ces eaux sur un terrain non contigu, même éloigné, pour les employer à l'irrigation de ce terrain. Il aurait alors le droit de faire, conformément à l'art. 2 de cette loi, écouler sur les terrains inférieurs les eaux qu'il aura employées à l'irrigation. Mais si la concession ne confère que des droits de servitude ou d'usage, la loi de 1845 ne peut être invoquée par le concessionnaire de ces droits.

Quand le propriétaire d'une source a acquis, par titre, une servitude d'aqueduc sur les fonds inférieurs, pour le passage de ces eaux qu'il n'abandonne pas à leur cours naturel, l'acquéreur de cette source, à moins de stipulation contraire dans son titre d'acquisition, a le droit d'user de cette servitude d'aqueduc, pour conduire les eaux de la source sur un terrain qui ne les recevait pas précédemment. Il peut se servir de cet aqueduc, comme le propriétaire primitif de la source s'en servait lui-même, c'est-à-dire à condition de ne pas aggraver la servitude, grevant le fonds intermédiaire, « en augmentant la quantité d'eau, qui tra-

« verse ce fonds ou en établissant, sur cette propriété, d'au-
« tres constructions que celles nécessaires pour l'usage de
« cette servitude ou de toute autre manière, » ainsi que l'a
décidé un arrêt de la Cour de Cassation du 23 avril 1856
(D. 1856. I. 294). La destination des eaux qui font l'objet de
la servitude d'aqueduc, n'intéresse en aucune façon le maître du fonds asservi, qui n'a à se préoccuper que des conditions du passage des eaux sur sa propriété.

Quand le titre ne confère au concessionnaire qu'un droit
de servitude ou un droit d'usage, ou il détermine avec pré-
cision le volume d'eau concédé, alors le fonds dominant
dans le premier cas, l'usager dans l'autre, n'ont droit qu'au
volume concédé, et le maître peut disposer du surplus : ou
la concession est moins précise, moins explicite, le titre
devient alors quelquefois très difficile à interpréter et à
appliquer. C'est au juge à rechercher, en s'inspirant de
toutes les circonstances de la cause, quelle a pu être l'intention commune, tacite ou présumée des parties, pour déterminer l'importance de la concession, fixer l'étendue des
droits restant au propriétaire de la source et trancher les
contestations pouvant s'élever soit entre le maître de cette
source et son ou ses concessionnaires, soit entre les différents concessionnaires qui ont acquis des droits sur la
source.

DESTINATION DU PÈRE DE FAMILLE

Le propriétaire du fonds inférieur peut avoir acquis le
droit à l'eau de source, par l'effet de la destination du père
de famille. On entend par destination du père de famille,

un certain arrangement qu'un propriétaire établit ou laisse
subsister entre deux fonds lui appartenant, et qui serait
de nature à constituer une servitude sur l'un de ces fonds
au profit de l'autre, s'ils appartenaient à deux propriétaires
différents. Quand les deux fonds sont dans la même main,
il n'y a pas de servitude, puisque *nemini res sua servit*.
Mais, quand les deux fonds viennent à être séparés, le
service existant, au moment de la division, sur l'un de
ces fonds au profit de l'autre, doit être maintenu en l'absence d'une stipulation dans le contrat, relative à ce service, si celui-ci réunit les conditions de continuité et
d'apparence. Ce service devient alors une servitude, que
l'ancien propriétaire des deux fonds est censé avoir voulu
établir sur l'un au profit de l'autre, quand il les a divisés.
Ce qui se produit pour deux fonds distincts, peut avoir
lieu pour un seul fonds, lorsque, par suite d'une vente,
d'un échange, d'un partage, etc., il se trouve divisé en
deux parties. L'art. 641 ne dit pas que le droit du propriétaire de la source puisse être restreint par la destination
du père de famille ; mais à peu près tous les auteurs,
d'accord avec la jurisprudence, admettent que la destination du père de famille est applicable à la matière des sources. Demolombe s'exprime ainsi sur la question (tome I,
nº 83) : « Il est vrai que l'art. 641 ne mentionne pas ce
« troisième mode d'établissement de la servitude de prise
« d'eau. Mais il nous paraît évident qu'il n'y a rien à
« induire de cette omission, car il est de règle que les
« servitudes continues et apparentes, qui s'établissent par
« prescription (art. 690), peuvent s'établir aussi par la des-

« tination du père de famille (art. 692) : or, il n'y a abso-
« lument aucune raison de s'écarter ici de cette règle, si
« conforme à la volonté présumée des parties et à l'équité.
« Si donc le fonds, sur lequel la source naît et prolonge
« son cours vient à être morcelé, soit par des aliénations
« partielles, soit par des partages, l'état des choses exis-
« tant au moment de la séparation et que les parties ont
« réciproquement accepté, doit en général être maintenu. »
Dans ce sens, arrêt de Cassation, req., 20 décembre 1825
(D. J. G *Servit.*, nᵒ 1010) et Cass. 30 juin 1841 (D. Rép.
Servit., nᵒ 142.)

Il n'est pas indispensable que les fonds soient contigus,
pour que la destination du père de famille puisse être
invoquée. Ainsi, deux fonds non contigus, appartenant au
même propriétaire, sont reliés l'un à l'autre par un aqueduc
apparent, conduisant les eaux de la source, jaillissant du
fonds supérieur, dans le fonds inférieur : si ces deux fonds
viennent à être divisés, et si, au moment de cette division,
l'aqueduc les reliant existe, le propriétaire inférieur aura
acquis définitivement sur la source, la servitude de prise
d'eau, exercée au moyen de cet aqueduc, quand le contrat
d'aliénation ne stipule pas le contraire.

La destination du père de famille ne crée que des servitudes en faveur du fonds inférieur. Cependant certains faits
pourraient se produire qui amèneraient, sinon la translation
de la propriété de la source, en faveur du propriétaire
inférieur, au moins un droit de servitude au profit de son
fonds sur la totalité des eaux de cette source. Ainsi,
supposons que le propriétaire d'un terrain, où se trouve

une source, ait capté la totalité de ses eaux et les ait
réunies dans un enchambrement couvert et fermé, d'où il
les conduirait, sur un terrain inférieur lui appartenant, par
un aqueduc couvert et fermé ou par un aqueduc souterrain, muni de regards suffisants pour lui donner les caractères de l'apparence. Si, plus tard, l'héritage où naît la
source et celui qui reçoit ses eaux, ainsi qu'il vient d'être
dit, sont divisés, le propriétaire inférieur aura acquis,
par la destination du père de famille, sinon la propriété
de la source, au moins une servitude sur la totalité de ses
eaux, de telle sorte que le propriétaire du fonds, où naît
cette source, aura perdu tout droit à l'usage des eaux de
celle-ci.

PRESCRIPTION

La prescription est le troisième moyen d'acquérir des
droits sur une source. Nous avons vu précédemment que
l'écoulement naturel des eaux d'une source, pendant plus
de 30 ans, sur un héritage inférieur, ne confère aucun droit
au propriétaire de cet héritage sur la source. Si le maître
de cette source a changé lui-même la direction naturelle
de ses eaux, pour les diriger, pendant plus de 30 ans sur
un héritage inférieur, non tenu de les recevoir par sa
position naturelle, le propriétaire de cet héritage n'a pas
acquis sur la source plus de droits que celui qui les eût
reçues par la pente naturelle du sol. Il pouvait les refuser,
et s'il les a reçues, c'est probablement parce qu'il en a
retiré quelque avantage ; mais l'usage qu'il a pu en faire,
ne l'a pas conduit à la prescription. « Le propriétaire

« inférieur, dit Demolombe (tome I, n° 73, page 87), en
« tant qu'il s'est borné à recevoir les eaux qui découlent
« du fonds supérieur, les a reçues non pas *jure dominii*,
« mais seulement *jure servitutis* (art. 640), et il est impossi-
« ble que celui qui subit une servitude passive acquière
« ainsi, par cela seul, une servitude active, tant que les
« choses restent dans le même état : et d'autre part, c'était
« pour le propriétaire de la source un acte de pure faculté,
« de laisser couler l'eau dans telle ou telle direction, ou de
« la retenir ou d'en disposer autrement. Donc, le simple
« écoulement de l'eau de la source ne saurait attribuer
« aucun droit au propriétaire inférieur, lors même qu'il
« en aurait usé de temps immémorial. »

La prescription acquisitive est fondée sur la possession,
qui, suivant l'art. 2.229 CC, doit être continue, non interrompue, paisible, publique, non équivoque et à titre de
propriétaire. Cet article est applicable à la prescription en
matière de sources ; mais en cette matière, la loi exige davantage : elle ne se contente pas d'actes de possession
quelconques sur les eaux de la source pour permettre à
leur auteur d'acquérir par prescription des droits sur
celle-ci ; elle précise et indique les actes spéciaux pouvant
servir de base à cette prescription. Il faut que le propriétaire inférieur ait joui des eaux et appuyé cette possession
sur des ouvrages dont la loi définit le caractère. Cette règle
est formulée dans l'art. 642 CC, qui est ainsi conçu : « La
« prescription, dans ce cas, ne peut s'acquérir que par
« une jouissance non interrompue pendant l'espace de
« 30 années, à compter du moment où le propriétaire

« du fonds inférieur a fait et terminé des ouvrages ap-
« parents, destinés à faciliter la chute et le cours de
« l'eau dans la propriété. »

Delvincourt (tome I, page 155, note 13), se basant sur
les termes des art. 641 et 642 qui ne parlent que « du
« propriétaire du fonds inférieur, » enseigne que le propriétaire immédiatement inférieur peut seul acquérir par
prescription des droits sur la source : mais c'est là une
opinion erronée, combattue du reste par presque tous les
auteurs et notamment par Pardessus, Demolombe et Na-
dault de Buffon. La règle générale est que tout le monde
peut prescrire. Les art. 641 et 642, en employant les termes « le propriétaire du fonds inférieur » n'ont pas voulu
leur donner un sens restrictif. Par conséquent, un propriétaire éloigné, même non riverain du cours d'eau
formé par la source, peut prescrire, comme le propriétaire limitrophe, en se conformant aux conditions prescrites par la loi et par l'art. 642. Cass. req. 17 novembre
1869 (D. 1870. I. 197) et req. 4 mars 1885 (D. 1886. I. 34).

Ces conditions sont les suivantes :

1º Il faut d'abord que le propriétaire qui veut prescrire
ait, par lui-même ou par des ouvriers à ses ordres,
exécuté des ouvrages apparents. Ainsi un conduit souterrain, amenant les eaux de la source sur le terrain
inférieur, qui ne se révèlerait pas par des signes extérieurs, ne répondrait pas au vœu de la loi. Celle-ci exige
l'apparence des ouvrages, afin que le propriétaire de la
source soit mis en demeure, de s'opposer au maintien
de ces ouvrages, si bon lui semble.

Il n'est pas nécessaire que les travaux soient apparents dans toute leur étendue : des regards, par exemple, révélant l'existence des ouvrages, rempliraient la condition d'apparence, exigée pour toute prescription. Dalloz (Répert., Vᵒ. *Servit.* nᵒ 157) enseigne que l'apparence des travaux n'est exigée, que relativement au propriétaire de la source et s'exprime, à cet égard, de la façon suivante : « Nous croyons que la prescription doit courir, bien que « les ouvrages aient cessé d'être apparents, s'il est prouvé « qu'ils n'ont pu être faits sans que le propriétaire de la « source en ait eu connaissance. Car, que veut la loi « surtout, c'est que les travaux n'aient pas été ignorés « du propriétaire du fonds dominant. » Nous sommes de l'avis de Dalloz sur ce point.

2ᵒ Il faut que les ouvrages pratiqués par le propriétaire qui veut prescrire ou par des ouvriers à ses ordres, soient destinés à faciliter la chute et le cours de l'eau dans sa propriété. Il faut une entreprise du propriétaire inférieur annonçant une intention d'appropriation et laissant supposer, de la part du propriétaire de la source, une renonciation tacite à son droit de disposition. L'ouvrage, exécuté par le maître de la source, pour conduire les eaux sur un terrain inférieur, ne pourrait pas être invoqué par le propriétaire de ce terrain, lors même que ces eaux lui seraient utiles : un ouvrage exécuté dans ces conditions pourrait créer une servitude passive sur le fonds inférieur, mais non une servitude active sur la source au profit de ce fonds. Pour prescrire, il faut contredire soi-même le droit qu'on veut anéantir, et que l'acte de possession et de mainmise émane de celui qui veut prescrire. Du reste, l'art. 642 est formel. Arrêts de la Cour de Cassation, req. du 15 avril 1845 (D. 1845. I. 253). — Civ. 18 mars 1857 (D. 1857. I. 122). — Req. 17 novembre 1869 (D. 1870. I. 197). — 27 nov. 1888 (S. 89. I. 101). — 19 juin 1889 (S. 90. I. 292).

D'autre part, les travaux, exécutés par le propriétaire inférieur, doivent, pour conduire celui-ci à la prescription, être destinés, comme le porte le texte de l'art. 642 à faciliter la chute et le cours de l'eau dans sa propriété. Ainsi, seraient considérés comme non opposables au maître de la source, des travaux que le propriétaire inférieur aurait fait exécuter, non pour amener la transmission des eaux de la source sur son fonds, mais pour se garantir contre les ravages des eaux. « Les ouvrages, dit Demo- « lombe (*Servit.*, tome I, n° 77), faits par le propriétaire « inférieur, doivent être destinés à faciliter la chute et le « cours de l'eau dans sa propriété, c'est-à-dire qu'ils doi- « vent être des ouvrages significatifs, qui ne laissent aucun « doute sur son intention de tirer un parti quelconque de « la source, dans l'intérêt de son fonds et d'en acquérir la « jouissance permanente. »

Quand le propriétaire inférieur pourra prouver que les travaux utiles à prescrire, ont été exécutés par lui ou par ses auteurs, il devra administrer cette preuve. Mais il pourra arriver que les travaux aient été exécutés à une époque tellement éloignée, qu'il soit impossible de savoir par qui ils ont été faits. Le propriétaire supérieur soutient, que ces travaux sont dus au besoin, qu'il avait

de faire écouler les eaux de sa source et que c'est lui qui
les a faits : le propriétaire inférieur prétend, au contraire,
que lui ou ses auteurs ont exécuté les travaux en question, pour faciliter la chute et le cours des eaux de la
source dans sa propriété. « Dans ce cas, disent MM. Au-
« bry et Rau (tome III, § 244, note 1re) où l'ancienneté
« des travaux ne permet plus d'en reconnaître l'auteur,
« les Tribunaux pourront admettre qu'ils ont été exé-
« cutés par le propriétaire inférieur, s'il est évident qu'ils
« ont été établis dans son intérêt exclusif. »

La jurisprudence a été plus loin, et, quand les travaux
ont paru profiter surtout au propriétaire inférieur, elle
les a considérés comme exécutés par celui-ci. Arrêt de
la Cour de Montpellier du 26 août 1878, suivi d'un arrêt
de rejet de la Chambre des requêtes du 16 décembre 1879
(D. 1880, I, 153).

Il peut arriver aussi que les ouvrages paraissent utiles
à peu près également aux deux fonds. Demolombe (*Servit.*,
tome I, n° 78) dit que, dans ce cas, « il faudrait interroger
« toutes les circonstances de l'espèce et surtout les faits
« de possession ; car il serait naturel de présumer que les
« ouvrages ont été primitivement établis dans l'intérêt de
« celui qui les entretient et qui les répare. »

Enfin, il peut arriver que le propriétaire du terrain où est
la source et le propriétaire inférieur, aient exercé chacun
et en même temps des faits de possession d'une égale importance : dans ce cas, comme la présomption de la liberté
des héritages est de principe, la source sera déclarée libre
de toute servitude au profit du propriétaire inférieur, si

celui-ci ne prouve pas qu'il ait acquis des droits sur cette source, conformément à l'art. 642.

3° Il faut que les ouvrages soient, de leur nature, durables et permanents : ainsi un simple barrage fait au moyen de mottes de gazon, de branches d'arbre ou de galets mobiles, par exemple, serait insuffisant. Aussi Demolombe (tome I, n° 74), repousse-t-il avec raison l'opinion de Daviel et de Proudhon, qui enseignent que le curage ou le rétablissement, par le propriétaire inférieur, du fossé conduisant les eaux de la source sur le fonds de celui-ci, peut être considéré comme un travail répondant au vœu de l'art. 642, dans certains cas ; par exemple, si le curage a été fréquemment répété, sans permission demandée au maître de la source, si les vases en provenant ont été enlevés par le propriétaire inférieur pour en faire des engrais.

Tous ces faits indiqués par Daviel, comme portant l'empreinte d'une possession au profit du propriétaire inférieur, sont fugitifs et intermittents : ils ne constituent pas l'ouvrage stable, l'appareil établi à demeure, la structure incorporée, comme disait Guy Coquille, indispensable pour conférer au propriétaire inférieur une possession utile à prescrire. L'art. 642 n'exige pas cependant des travaux de maçonnerie ou autres ouvrages d'art. Cet article est général et des ouvrages en bois, une tranchée, une rigole même, conduisant l'eau de la source au terrain inférieur, peuvent être considérés comme des travaux suffisants, pourvu qu'ils aient été établis par le propriétaire inférieur dans des conditions de durée, que les Tribunaux apprécieront, eu égard au fonds sur lequel ces travaux ont été exécutés. Un arrêt de la Cour de Montpellier du 20 mai 1846. (D. 1846, II, 190), a même décidé que l'ouverture pratiquée par le propriétaire inférieur dans le mur du fonds supérieur, pour faciliter la chute des eaux de ce fonds, dans le fonds inférieur, constituait un ouvrage apparent et permanent, répondant au vœu de l'art. 642.

4° Il faut que les travaux apparents et permanents, ayant pour auteur le propriétaire inférieur, soient terminés, pour que la possession utile à prescrire commence à courir à son profit. Tant que ces travaux ne sont qu'en voie d'exécution, le maître de la source peut se méprendre sur leur but et sur le résultat qu'ils donneront : il peut penser aussi qu'ils n'auront pas de suite. Les 30 ans de possession, qui sont nécessaires au propriétaire inférieur pour acquérir des droits sur la source, ne commenceront donc à courir qu'à partir de l'achèvement des travaux exigés. Mais il ne s'agit évidemment que des travaux, destinés à faciliter la chute et le cours de l'eau dans le fonds inférieur, et non pas des ouvrages ayant pour but d'utiliser les eaux amenées sur le terrain inférieur, tels que la création des rigoles d'irrigation sur ce terrain ou la construction d'une usine.

5° Les ouvrages nécessaires pour servir de base à la prescription de l'art. 642 doivent être exécutés sur le terrain, où naît la source. La Cour de Cassation a toujours jugé dans ce sens. Civ., 25 août 1812 (D. Répert., V° *Action posses.*, n° 372). — Req. 6 juillet 1825 (ibid., n° 375). — Req. 11 mars 1828 (ibid.). — Req. 5 juillet 1837 (Répert., V° *Servit.*, n° 151, 1°). — Req. 30 novembre 1841 (ibid.). —

Req. 15 février 1854 (D. 1854, I, 141). — Civ. c. 19 novembre 1855 (D. 1856, I, 345). — Civ. r. 11 août 1856 (D. 1856, I, 361). — Civ. c. 18 mars 1857 (D. 1857, I, 122). — Civ. c. 8 février 1858 (D. 1858, I, 68). — Civ. c. 23 janvier 1867 (D. 1867, I, 159). — Req. 17 novembre 1869 (D. 1870, I, 197). — 5 juillet 1893 (S. 1893, I, 376). Mais Delvincourt (tome I, page 539), Favard de Langlade (Rép. V° *Servit.*, sect. 2, § 1, n° 2), Aubry et Rau (tome II, § 236, n° 4), Marcadé sur l'art. 642, n° 2, Demante (*Cours analytique,* tome II, n° 493 *bis*), sont d'un avis contraire et admettent que les travaux peuvent être faits indifféremment sur le terrain supérieur ou sur le terrain inférieur. Ils tirent leur principal argument des travaux préparatoires du Code. Dans le projet, disent-ils, tel qu'il fut présenté au Conseil d'État, l'art. 642 n'existait pas. L'art. 637, aujourd'hui art. 641, se bornait à déclarer que « celui qui a une « source dans son fonds peut en user à sa volonté. » Lors de la discussion, Berlier proposa d'y ajouter les mots « sans préjudice néanmoins des droits du propriétaire de « l'héritage inférieur, quand il aura reçu l'eau de cette « source pendant un temps suffisant pour en prescrire l'u-« sage. » Cet amendement, combattu par Treilhard, mais défendu par Cambacérés, Regnault de Saint-Jean-d'Angély et Malleville, fut adopté par le Conseil d'Etat avec quelques modifications de détail. Une nouvelle rédaction fut adoptée par suite de laquelle les deux articles suivants furent ajoutés à l'art. 637 :

Art. 638. — Le maître du fonds où naît la source « ne « peut changer le cours donné à l'eau, lorsque le proprié-

« taire du fonds inférieur en a acquis l'usage ou par titre
« ou par une possession suffisante. »

Art. 639. — « La prescription, dans ce cas, ne peut s'ac-
« quérir que par une jouissance non interrompue pendant
« l'espace de 30 années, à compter du moment où le pro-
« priétaire du fonds inférieur a fait et terminé des ouvra-
« ges extérieurs destinés à faciliter la chute et le cours de
« l'eau dans sa propriété. »

Le projet fut communiqué en cet état à la section de législation du Tribunat. Là s'éleva la question de savoir si
les ouvrages extérieurs, nécessaires pour acquérir des
droits sur les eaux de la source, doivent être faits sur le
fonds supérieur, ou s'il suffit qu'ils soient exécutés sur le
fonds même de celui qui veut prescrire. La dernière opinion prévalut, dit Locré (tome VIII, pages 353 et suiv.), et,
comme le mot ouvrages pouvait faire naître des difficultés,
en laissant supposer précisément que les ouvrages devaient
être faits extérieurement au fonds inférieur, c'est-à-dire
sur le fonds même de la source, la section de législation
du Tribunat émit l'avis, qu'aux mots ouvrages extérieurs, il
convenait de substituer les mots « ouvrages apparents. »
Et tel est en effet le mot qui se trouve dans le texte défi-
nitif que Berlier présenta au Corps législatif, et qui fut enfin
voté sous l'art. 642 du Code civil.

De tout cela, disent les auteurs qui combattent la jurisprudence de la Cour de Cassation, ressort bien l'intention
manifeste du législateur de ne pas exiger que les travaux
soient faits sur le fonds supérieur. Ils invoquent, en outre,
en faveur de leur système, des considérations d'un autre

ordre. Il ne s'agit pas ici, disent-ils, d'une servitude dérivant du fait de l'homme, qui ne peut s'acquérir par prescription, qu'à l'aide d'une possession réelle de la chose sur
laquelle on veut acquérir un droit. Il s'agit seulement
d'une servitude dérivant de la situation des lieux. Le propriétaire inférieur tient sa jouissance du bienfait de la nature et non d'une convention expresse ou tacite entre lui
et le propriétaire supérieur. Si ce dernier laisse passer
30 ans sans troubler cette jouissance, il est censé avoir ratifié l'ouvrage de la nature et la jouissance est irrévocablement acquise à celui qui l'a possédée paisiblement pendant
ces 30 années. Les ouvrages apparents que le propriétaire
inférieur avait fait exécuter sur son fonds indiquaient clairement qu'il voulait prescrire. Si le propriétaire supérieur
voulait arrêter cette prescription, il le pouvait, soit en déclarant, par acte extrajudiciaire, à l'auteur des travaux,
qu'il protestait contre cette prescription et s'opposait à ce
qu'elle fût acquise, soit en retenant l'eau sur son fonds,
soit en la dirigeant sur un autre fonds voisin appartenant
à un tiers. De ce que le maître de la source a gardé le silence et n'a rien fait, pendant ces 30 ans, pour interrompre la possession du propriétaire inférieur, il faut conclure
que la prescription est acquise au profit de ce dernier et
qu'il a le droit de continuer à jouir des eaux de la source
comme il en a joui depuis 30 ans. Ils invoquent enfin l'impossibilité pratique du système contraire. Quel serait le
propriétaire assez téméraire pour oser exécuter des ouvrages sur le fonds du voisin où jaillit la source ? Il s'exposerait d'abord à perdre le bénéfice de ses travaux, conformé

ment aux art. 552 et 553 CC et, en outre, à une condamnation
à des dommages-intérêts et même pénale, suivant les cas.

L'argumentation que nous venons d'analyser nous semble
erronée : Demolombe (tome I, n° 80) la réfute d'une façon
qui nous paraît péremptoire. « L'opinion, dit-il, qui ensei-
« gne que les travaux peuvent être faits sur le fonds infé-
« rieur est, à notre avis, radicalement contraire aux prin-
« cipes les plus certains, en matière de propriété, de pres-
« cription et de servitude : et il faudrait, pour l'admettre,
« que le texte même de la loi l'eût consacrée : or, s'il est
« vrai que les travaux préparatoires témoignent que cette
« opinion a été celle des membres du Conseil d'Etat et
« du Tribunat, le texte même de l'art. 642 ne l'a pourtant
« pas consacrée : donc les principes doivent conserver ici
leur empire.

« Voilà en substance notre argumentation.

« La condition essentielle *et sine qua non* de l'acquisition
« par prescription, c'est la possession de la chose ou du
« droit d'autrui : toute prescription commence, sous ce rap-
« port, par une usurpation que le temps légitime ; la pres-
« cription, c'est le fait qui devient droit (art. 2.229) ; or, le
« propriétaire inférieur, qui se borne à établir des ouvrages
« sur son propre fonds, ne possède rien, ni sur le fonds du
« propriétaire supérieur, ni sur l'eau de la source qui est
« sortie de ce fonds, libre de toute servitude et qui n'ap-
« partenait plus au propriétaire de la source, lorsqu'elle a
« été utilisée par le propriétaire inférieur sur son propre
« fonds ; donc celui-ci ne peut rien acquérir par prescrip-
« tion. Il s'agit ici, en effet, de l'acquisition d'une servitude

« active au profit du fonds inférieur ; or, le propriétaire de
« ce fonds, en faisant chez lui des ouvrages, agit *jure do-*
« *minii,* non pas *jure servitutis* ; comment donc pourrait-il
« acquérir un droit quelconque de servitude, à l'encontre
« du propriétaire de la source, puisqu'il n'a jamais possédé
« aucune espèce de servitude, ni sur son fonds, ni sur sa
« source. »

Une usurpation est le seul fait assez énergique pour mettre le propriétaire de la chose que l'on veut prescrire, en demeure de s'opposer à la prescription. Mais comment le propriétaire de la source pourrait-il s'opposer à cette usurpation, si les travaux qui peuvent la constituer, sont exécutés en dehors de son fonds ? Comment pourrait-il interrompre la prescription ? En détournant les eaux ? Ce détournement peut être parfois très difficile ou contraire aux intérêts du propriétaire de la source. L'interruption civile ne serait pas plus facile. Un acte extrajudiciaire, par lequel le propriétaire de la source déclarerait vouloir maintenir son droit, serait sans effet légal. Et une demande en justice ne pourrait faire obtenir la destruction de travaux légitimes, puisqu'ils auraient été exécutés par le propriétaire inférieur sur sa propriété.

Bien que l'art. 642 soit placé au titre des servitudes, dérivant de la situation naturelle des lieux, la servitude que le propriétaire inférieur veut acquérir par prescription sur les eaux de la source, est une servitude par le fait de l'homme, et dont l'acquisition par prescription doit, par conséquent, être soumise aux règles ordinaires de la prescription (art. 690 et 691). La servitude, dérivant de la situation naturelle des lieux, est celle de l'art. 640, qui permet au propriétaire de la source de laisser écouler sur le terrain inférieur les eaux de celle-ci, en suivant la pente naturelle du sol.

Personne, disent les partisans de l'opinion repoussée par Demolombe et la jurisprudence, ne voudra se risquer à construire sur le fonds supérieur. A cela, on peut répondre : la prescription s'accomplit fréquemment dans ces conditions. D'autre part, il ne faut pas oublier que la prescription est un acte d'usurpation très souvent regrettable et que, par conséquent, la loi n'a pu chercher à rendre facile ce moyen d'acquérir la propriété d'autrui, sans en payer le prix. Enfin le texte de l'art. 642 est favorable à l'opinion de Demolombe, qui le démontre de la façon suivante (tome I, n° 80, page 102) : « Tel est, suivant « nous, dit-il, le véritable état de la question. L'art. 642, le « texte même de la loi vivante et obligatoire, ne dit nulle- « ment qu'il suffira que les travaux soient faits sur le fonds « inférieur : tout au contraire : en exigeant que ces travaux « soient destinés à faciliter la chute et le cours de l'eau « dans le fonds inférieur, il paraît bien exiger qu'ils soient « faits sur le fonds supérieur ; car il y a là deux idées : il « s'agit, non pas seulement d'en diriger le courant, mais « d'en faciliter la *chute*, c'est-à-dire le passage d'un fonds à « l'autre, au point de sortie où l'eau quitte le fonds supé- « rieur pour entrer dans le fonds inférieur : donc il faut « que les travaux entreprennent et *mordent,* pour ainsi « dire, sur le fonds supérieur lui-même. Voilà le texte ! « Voilà la loi ! » Nous nous rangeons absolument à l'opinion de Demolombe sur cette interprétation de l'art. 642, qui est conforme à la jurisprudence de la Cour de Cassation et des Cours d'appel. Nous sommes donc d'avis qu'il faut, pour que les travaux, dont parle l'art. 642, conduisent à la prescription, qu'ils soient exécutés sur le terrain où naît la source, en un point quelconque, du reste, de ce terrain.

Si le maître de la source en conduisait les eaux sur un autre fonds, au moyen d'un aqueduc établi par lui sur des fonds intermédiaires, lui appartenant, ou appartenant à des tiers, avec l'autorisation de ceux-ci, le propriétaire inférieur, qui aurait pratiqué, en un point quelconque de cet aqueduc, des travaux pour dériver tout ou partie des eaux contenues dans celui-ci, devrait être considéré comme ayant exécuté ses travaux sur le fonds supérieur et comme remplissant les conditions voulues pour fonder la prescription ; puisque, comme le dit M. Picard (*Traité des Eaux*, page 129), il y aurait entreprise sur le domaine du maître de la source, mainmise sur des eaux demeurées à l'état d'eaux privées et continuant à appartenir au propriétaire supérieur.

Pour que le propriétaire inférieur acquière, par prescription, des droits sur les eaux d'une source, appartenant à une autre personne, il faut donc qu'il ait exécuté, sur le terrain où jaillit cette source, ou sur l'aqueduc établi par le maître de celle-ci, en dehors de ce terrain, pour la conduite de ses eaux, ainsi que nous venons de le voir, les travaux prescrits par l'art. 642, et que, depuis que ces travaux sont terminés, il ait joui des dites eaux pendant

30 ans, avec tous les caractères voulus par la loi, énumérés dans l'art. 2229, CC.

La possession de 10 ou 20 ans, avec juste titre et bonne foi, dans les cas de l'art. 2265, ne lui conférerait pas cette prescription, qui ne peut s'acquérir, suivant le texte formel de l'art. 642, que par une possession de 30 ans.

La prescription des eaux de source peut être interrompue, naturellement ou civilement, pour les causes indiquées aux art. 2242 et suivants du Code civil.

L'art. 642 ne s'applique pas à la servitude de puisage ou d'abreuvage, puisque celle-ci, étant discontinue, ne peut s'acquérir par prescription.

Les eaux de source et autres qui alimentent les fontaines publiques communales font partie du domaine public de la commune. Elles sont donc inaliénables et imprescriptibles. Par conséquent, quand une commune qui n'avait pas besoin, à un certain moment, de la totalité des eaux d'une source, alimentant ses fontaines publiques, a concédé à un tiers tout ou partie des eaux de cette source, qu'elle n'utilisait pas lors de la concession, celle-ci est essentiellement précaire et révocable. Ainsi un arrêt de la Cour d'Aix du 13 juin 1865 (D. 1866, II. 167) a décidé que les eaux, affectées dans leur ensemble à des usages publics, tels que le nettoiement et l'arrosage des rues d'une ville et l'alimentation des fontaines de cette ville, sont des dépendances du domaine public, et, par conséquent inaliénables et imprescriptibles : que, dès lors, toutes les concessions, qui ont pu être faites de ces eaux, sont essentiellement précaires et révocables et que la ville peut ne

les maintenir qu'en les soumettant à des conditions plus
onéreuses pour les concessionnaires, sauf à ces derniers
la faculté d'accepter ou de refuser, en renonçant à la concession. Cet arrêt fut déféré à la Cour de Cassation, mais
le pourvoi fut rejeté par un arrêt de la Chambre des requêtes du 4 juin 1866 (D. 1867, I. 34), qui porte, entre autres
considérants, ceux qui suivent : « Attendu, en droit, que
« les eaux qui alimentent les fontaines publiques d'une
« ville et les canaux ou aqueducs qui les y amènent, font
« partie du domaine public municipal, et sont, par suite,
« inaliénables et imprescriptibles : que vainement le pour-
« voi objecte que ce principe n'est applicable qu'aux eaux
« qui sont indispensables pour la satisfaction des besoins
« communaux, et non aux eaux superflues et surabon-
« dantes ; — attendu que les besoins d'une cité n'ont pas,
« sous ce rapport, un caractère absolu et invariable, que
« la quantité d'eau nécessaire aux habitants varie suivant
« les temps et dépend des circonstances, qui ne peuvent
« être, à l'avance, prévues et appréciées ; attendu que l'eau
« surabondante au moment d'une concession, peut devenir
« ultérieurement nécessaire et que l'intérêt public lui im-
« prime le même caractère d'inaliénabilité et d'imprescrip-
« tibilité ; que la précarité de semblables concessions est
« la conséquence de la nature même des eaux, qui en font
« l'objet et de l'indisponibilité dont elles sont frappées par
« la loi. » Dans le même sens, arrêt de la Cour de Dijon
du 23 janvier 1867 (D. 1867. II. 216). — Cass. 24 janv. 83.
(S. 89, I, 321). — Cass. 30 avril 89. (S. 89, I, 268). — Cass.
19 fév. 89. (S. 89, I, 208).

Si une commune ne peut accorder qu'une concession révocable et précaire sur les eaux d'une source, dont une partie est affectée à un usage public, elle peut, au contraire, accorder une concession valable et définitive sur les eaux d'une source, existant dans son domaine privé, dont aucune portion ne sert à un usage public et qui est dès lors aliénable et prescriptible.

On peut donc prescrire les eaux d'une source, qui se trouve dans une propriété faisant partie du domaine privé de la commune, tant que les habitants ne s'en servent pas *ut universi*; mais aussitôt que cette source est affectée à l'usage public de la commune, elle fait partie du domaine public communal et, par suite, devient imprescriptible, même pour la portion de ces eaux excédant les besoins de ces habitants. On a fait une distinction entre les eaux nécessaires aux besoins des habitants de la commune et les eaux superflues et on a voulu prétendre que ces dernières sont prescriptibles. Troplong (*Prescription*, n° 168) combat cette distinction, parce que, dit-il, les eaux publiques, qui sont destinées à des besoins variables, ne lui paraissent susceptibles, dans aucune partie, d'une appropriation privée. La Cour de Cassation repousse aussi cette distinction, et elle a jugé, le 20 août 1861, Chambre civile (D. 1861. I. 385), que les eaux d'une fontaine publique communale sont imprescriptibles, même pour la portion de ces eaux qui, après satisfaction des besoins des habitants, peut être considérée comme surabondante et superflue.

Aubry et Rau (tome III, page 24) et Demolombe (tome I,

page 84) soutiennent que, par la prescription, le propriétaire inférieur ne peut acquérir qu'une servitude de prise
d'eau ou un droit d'usage sur la source. La Cour de Cassation, Chambre civile, a jugé le contraire dans un arrêt
du 25 mars 1867 (D. 1867, I. 220), dans lequel elle décide
que la jouissance trentenaire et exclusive des eaux d'une
source, par le propriétaire inférieur, au moyen d'ouvrages apparents, pratiqués sur le fonds où naît la
source, confère à ces propriétaires, sur les eaux de
celle-ci, non pas seulement une servitude, mais une
véritable propriété, et, par conséquent, le droit d'en disposer au profit d'un tiers. Nous nous rangeons à l'avis de
la Cour de Cassation et nous pensons qu'un propriétaire
inférieur peut acquérir, par prescription, la propriété d'une
source, s'il a joui pendant 30 ans de la totalité des eaux de
cette source, et s'il a exercé, pendant ce temps, des actes
impliquant nécessairement l'intention d'acquérir cette propriété ; par exemple, s'il a capté la totalité des eaux, par
un ouvrage exécuté sur la source même, et s'il a conduit
directement ces eaux sur son fonds, sans qu'il fût possible
au propriétaire du fonds où naît sa source, d'en user.

Celui qui aurait acquis, par prescription, la propriété des
eaux d'une source, pourrait donc en disposer à son gré,
les céder à un tiers, si bon lui semblait, ou les employer
à l'irrigation d'un terrain éloigné, en obtenant du tribunal
l'autorisation de les faire passer, à travers des fonds intermédiaires, en vertu de l'art. 1er de la loi du 29 avril 1845.
Dans ce cas, le propriétaire du terrain où est la source,
n'aurait plus conservé aucun droit sur celle-ci.

Si, au lieu d'acquérir un droit de propriété, le propriétaire inférieur n'a acquis sur la source qu'un droit de servitude, il ne pourra s'en servir que pour l'usage ou l'utilité du fonds, pour lequel il l'a acquis, et non pour un
autre fonds lui appartenant ou appartenant à un tiers. Un
arrêt de la Cour de Cassation du 2 juillet 1834 a décidé
avec beaucoup de raison que, si un propriétaire inférieur
a prescrit une prise d'eau pour une de ses prairies, il ne
peut postérieurement, et sans recourir à une nouvelle
prescription, en faire profiter une autre prairie lui appartenant.

Quant à l'étendue de la servitude, acquise sur la source
par le propriétaire inférieur, pour la déterminer il faudra
appliquer la règle *tantum præscriptum quantum possessum,*
en n'oubliant pas que toute servitude est une restriction
au droit commun et que, par conséquent, c'est à celui
qui y prétend, à faire sa preuve.

Le propriétaire de la source ne pourra rien faire, qui
diminue ou entrave l'exercice des droits acquis, par prescription, au profit de l'héritage inférieur; mais il lui restera
la libre disposition du surplus des eaux, non prescrites,
dont il pourra user à son gré, soit pour les besoins du
fonds où naît la source, soit pour les besoins d'un autre
fonds, soit en les cédant à un tiers.

Le propriétaire d'un fonds dans lequel se trouve une
source, le laisse en friche, sans en retirer aucun produit.
Un voisin profite de cette négligence et y fait paître son
bétail, qu'il abreuve à la source jaillissant dans ce fonds;
il coupe même et engrange chez lui l'herbe que produit

ce terrain. En un mot, il jouit de celui-ci à peu près comme pourrait en jouir le véritable propriétaire. Au bout de 30 ans de cette possession, ce voisin a acquis ce terrain par prescription. Aura-t-il acquis en même temps la source qui s'y trouve, bien qu'il n'en ait pas joui, conformément à l'art. 642? Evidemment oui, cet art. 642 ne concerne que le cas, où il s'agit de prescrire séparément et directement les eaux de la source et n'est pas applicable à la prescription de l'héritage dans lequel se trouve celle-ci. Quand la propriété de l'héritage est acquise, par prescription, au profit de celui qui en a joui pendant 30 ans, suivant les règles ordinaires de la possession, la propriété de la source qu'elle renferme lui est acquise en même temps et accessoirement. Le propriétaire du sol est propriétaire du dessus et du dessous, comme de tout ce que produit ce sol : et celui qui acquiert un terrain par prescription, acquiert en même temps la source qui s'y trouve, comme s'il l'avait acquise en vertu d'un titre.

CHAPITRE IV

RESTRICTIONS APPORTÉES AU DROIT DU MAITRE DE LA SOURCE, DANS UN INTÉRÊT GÉNÉRAL.

EXPROPRIATION DES SOURCES

En principe, le droit de propriété est inviolable : cependant le propriétaire d'une chose peut en être privé lorsque l'intérêt général l'exige, c'est-à-dire dans le cas d'utilité publique et moyennant une indemnité représentative des avantages enlevés à ce propriétaire. L'art. 545 CC. formule cette règle dans les termes suivants : « Nul « ne peut être contraint de céder sa propriété, si ce n'est « pour cause d'utilité publique et moyennant une juste « et préalable indemnité. » La loi du 3 mai 1841, sur l'expropriation pour cause d'utilité publique, développe et fixe les diverses applications de la règle posée dans l'article, dont nous venons de reproduire le texte. Les sources sont, comme nous l'avons vu, une propriété comme une autre : elles rentrent, par conséquent, dans le droit commun et, par suite, elles peuvent être expropriées pour cause d'utilité publique, comme le terrain d'où elles jaillissent. L'Etat, le département, les communes ont la faculté d'user de ce droit d'expropriation et ils en ont souvent usé. On s'est demandé si une commune pouvait exproprier, dans son seul intérêt, des sources ou toute autre propriété, situées en dehors du département, dans lequel se trouve la commune au profit de laquelle l'expropriation est poursuivie; dans des régions, par exemple, qui ne retireront aucun avantage de l'expropriation et qui verront peut-être des terrains, autrefois fertiles, se dessécher et perdre leur valeur. La réponse a été et devait être affirmative. Le droit d'expropriation, au profit des communes, comme de l'Etat et des départements, est général et absolu, et les termes de la loi ne comportent aucune restriction.

Par conséquent, une fois l'utilité publique reconnue et déclarée, rien ne pourra arrêter l'expropriation de la source au profit de la commune, du département ou de l'État, à condition que la procédure, prescrite par la loi soit régulièrement suivie. Bien que, sous l'empire du droit actuel, la commune qui exproprie une source, ne doive pas d'indemnité aux propriétaires inférieurs, riverains du cours d'eau produit par cette source, qui se servent des eaux de ce cours d'eau, pour la mise en mouvement de leurs usines ou pour l'irrigation de leurs fonds, sans avoir acquis sur la source de droits par titre, destination du père de famille ou par prescription ; quand l'administration autorise l'expropriation d'une telle source, elle a l'habitude d'insérer, dans la déclaration d'utilité publique, une clause obligeant la commune à indemniser les usiniers et arrosants inférieurs des dommages, que ceux-ci éprouveront par suite de cette expropriation. Cette pratique administrative nous paraît fort louable. Il est à désirer qu'elle soit bientôt convertie en loi. Le Gouvernement a présenté au Sénat, en 1880, un vaste projet de loi sur les eaux, dont nous parlerons à la fin de notre travail, et qui renferme un chapitre spécial consacré à l'alimentation en eau des communes. Ce projet contient divers articles relatifs aux eaux de sources, d'après lesquels l'expropriation de ces eaux ne pourrait avoir lieu, qu'en indemnisant les propriétaires inférieurs, qui se trouveraient lésés par cette expropriation. Mais ce projet n'a pas encore été discuté devant les Chambres.

DROITS DES COMMUNAUTÉS D'HABITANTS

Nous venons de voir, dans la section précédente, que le droit commun est applicable aux sources, quand il y a lieu de les exproprier pour cause d'utilité publique. Nous sortons maintenant du droit commun et nous allons examiner l'art. 643, qui établit sur les sources une servitude importante, justifiée par des motifs d'intérêt général. Cet article est ainsi conçu :

« Le propriétaire de la source ne peut en changer le
« cours, lorsqu'il fournit aux habitants d'une commune,
« village, hameau, l'eau qui leur est nécessaire; mais si

« les habitants n'en ont pas acquis ou prescrit l'usage, le
« propriétaire peut réclamer une indemnité, laquelle est
« réglée par experts. »

Il ne s'agit plus ici d'une véritable expropriation. Le propriétaire de la source en conserve la propriété; mais l'art.
643 lui défend de détourner les eaux de cette source, qui
sont nécessaires aux besoins d'une communauté d'habitants. Cette défense constitue une servitude sur la source
et une servitude légale, basée, nous l'avons dit, sur un
intérêt général, mais qui existe sans l'accomplissement
d'aucune des formalités de la loi du 3 mai 1841. Quand
une difficulté s'élève, relativement à l'exercice de cette
servitude, les Tribunaux n'ont pas à l'établir, puisqu'elle
existe de par la loi; mais ils la déclarent et font défense
d'en entraver l'exercice.

D'après la loi du 3 mai 1841, pour qu'il y ait expropriation, il suffit que l'utilité publique l'autorise; dans le cas
de l'art. 643, au contraire, il faut qu'il y ait nécessité absolue. Si l'eau de la source est rigoureusement indispensable aux besoins de la communauté des habitants, qui
s'en servent, le propriétaire de cette source ne peut en
arrêter ni en détourner le cours; mais, si elle n'est pas
absolument nécessaire à ces habitants, le maître de la
source en conserve l'entière disposition. Ainsi il ne suffit
pas, pour que la communauté puisse invoquer, sur une
source, le bénéfice de l'art. 643, que l'usage des eaux de
cette source lui soit plus agréable ou plus commode, que
l'emploi d'une autre eau dont elle a la disposition : il faut
qu'il n'existe pas, sur les lieux, au moment où la servi-

tude est réclamée, d'autres eaux pouvant suffire aux besoins des habitants de la communauté et dont celle-ci aurait le droit de se servir. Le propriétaire de la source ne pourrait pas échapper à l'exercice de la servitude qui nous occupe, en alléguant que la communauté trouverait facilement de l'eau, par exemple en creusant un puits; car la nécessité dont parle l'art. 643 est la nécessité existant au moment où la communauté réclame l'exercice de son droit.

La communauté ne pourrait invoquer la servitude dont il s'agit, en faveur de son agriculture, ni pour l'irrigation de ses prairies, ni au profit d'une industrie, puisque les besoins dont parle l'art. 643 sont seulement les besoins domestiques, c'est-à-dire ceux relatifs à la consommation personnelle des habitants et à celle de leurs bestiaux. Arrêt de la Cour de Cassation du 4 mars 1862. (D. 1862, I, 284). « C'est, dit Demolombe (tome I, n° 95), ce « qui résulte du texte même de notre article 643, qui ne « s'applique qu'au cas où la source fournit aux habitants « l'eau qui leur est nécessaire à eux-mêmes personnelle- « ment, et c'est bien là aussi ce qui résulte des discus- « sions préparatoires. » Nous ne pouvons qu'approuver cette interprétation rigoureuse de l'art. 643, qui contient une restriction importante au droit de propriété et ne doit pas dès lors être étendue au delà de ses termes; par conséquent, tous les droits qui ne sont pas enlevés par cet article au propriétaire de la source, doivent lui rester. Nous hésitons donc à adopter l'opinion de M. Picard qui, dans son *Traité des Eaux* (tome I, page 143), prétend que le hameau a droit, en vertu de l'art. 643, non seulement

aux eaux nécessaires aux besoins domestiques de ses habitants, mais encore à celles qui seraient nécessaires à la
salubrité publique, et spécialement à l'entretien des rues
en état de propreté; les besoins correspondant à cet élément de consommation sont, dit cet auteur, presque aussi
impérieux que ceux de l'alimentation.

. L'intérêt public ayant fait admettre l'exception édictée
par l'art. 643, cette exception ne saurait être invoquée en
faveur d'un intérêt privé, quelque considérable qu'il fût :
« La loi l'accorde seulement, dit Demolombe (tome I, n° 93)
« aux habitants de toute une commune, de tout un village
« ou de tout un hameau (hameau diminutif de village),
« c'est-à-dire d'une collection d'individus réclamant non
« pas *ut singuli,* mais *ut universi,* et en faveur de laquelle
« on puisse invoquer la raison tirée de l'intérêt public. »
Ainsi, une agglomération d'individus, se composant, par
exemple, du maître d'une ferme importante et de nombreux
domestiques, employés dans cette ferme, ne suffirait pas,
à notre avis, pour constituer un hameau. Il faudrait au
moins plusieurs maisons, plusieurs familles, plusieurs
foyers distincts pour former, par leur réunion, le hameau
dont parle l'art. 643. La question de savoir si telle réunion
de familles constitue ou non un hameau serait, suivant
certains auteurs et un arrêt de la Cour de Cassation du
15 janvier 1835 (D. J. G. V° *Compét. admin.*, n° 278), de
la compétence de l'autorité administrative. Suivant d'autres
auteurs, parmi lesquels M. Picard (*Traité des Eaux,* tome I,
page 142), le tribunal civil aurait qualité pour trancher cette
question.

Quant à l'action qui est à diriger contre le maître de la source, pour l'empêcher de détourner de son cours l'eau nécessaire aux habitants de la communauté, c'est le maire de la commune dans laquelle se trouve cette communauté qui doit l'intenter. L'intérêt public a motivé la servitude édictée par l'art. 643 ; par conséquent, c'est le maire, qui est chargé de la garde de l'intérêt public, qui doit affirmer les besoins de ses administrés. C'est devant le tribunal civil que cette action doit être portée. Le maire ne pourrait donc pas procéder par arrêté de police sans dépasser les limites de ses attributions et, s'il le faisait, son arrêté serait sans valeur légale. Mais si le maire ne veut pas agir, toute personne, inscrite au rôle des contributions de la commune, pourra, en vertu de l'art. 123 de la loi du 5 avril 1884 sur l'organisation municipale, après s'être munie d'une autorisation du Conseil de préfecture, intenter l'action à ses risques et périls, mais au nom de la commune. Dans aucun cas, un particulier ne pourrait agir en son nom personnel, fût-il propriétaire de toutes les maisons du hameau ou du village, dont les habitants auraient un besoin indispensable des eaux.

La servitude qui nous occupe ne grève que les sources proprement dites, ayant un cours extérieur, et ne pourrait être étendue aux puits, aux mares, aux étangs. Le texte de l'art. 643 ne laisse aucun doute sur ce point. La loi ne pouvait assimiler aux eaux d'une source, qui se renouvellent continuellement et qui sont, en quelque sorte, inépuisables pour les besoins domestiques, les eaux stagnantes des puits, des mares et des étangs.

Il faut aussi, pour que la source soit grevée, que ses eaux se répandent au dehors et forment un cours, auquel les habitants de la communauté accèdent, pour user des eaux qui leur sont nécessaires ; car il ne leur serait pas permis de venir jusqu'à la source même, pour y exercer une servitude de puisage ou d'abreuvage, que la loi n'impose pas au propriétaire de cette source et qui empêcherait celui-ci de se clore. Arrêts de la Cour de Cassation, civ. du 5 juillet 1864 (D. 1864, I, 280) et req. du 14 février 1872 (D. 1872, I, 265). Cette servitude de l'art. 643 n'emporte pas non plus le droit d'établir un aqueduc pour amener les eaux de la source à la disposition de la communauté. La loi suppose que les habitants de la communauté ont accès au ruisseau soit par un chemin public, soit par des fonds sur lesquels on leur a accordé volontairement le droit de passage. C'est seulement lorsque ces conditions existent que la servitude de l'art. 643 est applicable.

Si donc la source est d'un si faible volume, qu'elle n'ait pas de cours et qu'elle se maintienne dans le bassin même où elle jaillit, le droit du propriétaire de cette source ne sera pas atteint et l'art. 643 ne créerait pas de servitude sur un cours qui n'existerait pas. Arrêts de la Cour de Dijon du 9 novembre 1866 (D. 1867. II. 11), et de la Cour de Cassation du 22 mai 1872 (D. 1872. I. 349).

Suivant un arrêt de la Cour de Nancy du 20 avril 1842 (D. Répert. V° *Servit.* n° 186) et un arrêt de la Cour de Cassation du 15 janvier 1849 (D. 1849 I. 57), la prohibition de changer le cours d'une source, dont les eaux sont nécessaires aux habitants d'un village, s'applique non seulement au maître de cette source, mais encore au propriétaire d'un héritage intermédiaire qu'elle traverse ou qu'elle borde.

Pardessus prend les mots changer le cours, au pied de la lettre, et prétend que le propriétaire de la source peut user à son gré des eaux de celle-ci, pour les besoins de son fonds, dût-il diminuer ainsi considérablement les avantages que la communauté retire de ces eaux : il soutient que la loi lui interdit seulement d'en changer le cours et que la communauté n'a pu acquérir contre lui que le superflu des eaux. Nous n'admettons pas, sur ce point, l'opinion de Pardessus, qui pourrait réduire à rien le droit de la communauté. Nous croyons que l'on ne peut étendre la servitude légale de l'art. 643 ; mais nous savons qu'à côté de la lettre de la loi, il y en a l'esprit, dont il faut toujours tenir compte. La nécessité des eaux pour la communauté est l'idée qui domine toute cette matière : dès lors, nous sommes d'avis que le propriétaire de la source ne peut, d'aucune façon, priver les habitants de cette communauté des eaux de cette source, qui leur sont nécessaires. La loi a voulu, par l'art. 643, déroger au droit commun qu'a tout propriétaire d'user de sa chose à sa volonté ; elle n'a pu, par conséquent, permettre au propriétaire de la source des entreprises sur celles-ci, susceptibles de détruire entièrement la servitude qu'elle établissait. Sans doute, le propriétaire de la source en conserve la propriété et même l'usage ; mais il devra en user de manière à laisser à la communauté l'eau, dont celle-ci aura un besoin indispensable et sans altérer cette eau.

Mais si la source est abondante et donne plus d'eau qu'il

n'en faut pour les besoins domestiques de la communauté, le maître de cette source aura évidemment la libre et entière disposition du surplus, qu'il pourra même céder à un tiers.

Nul ne peut être dépouillé de son bien, dans un but d'intérêt public, sans une juste et préalable indemnité. Telle est la règle générale, dont l'art. 643 fait ici une application. Cet article porte, en effet, que le propriétaire de la source peut réclamer une indemnité, si les habitants de la commune n'en ont pas acquis ou prescrit l'usage. Cette indemnité a pour but de rendre le propriétaire de la source indemne, *sine damno,* comme le dit Demolombe. Elle sera donc calculée, non pas d'après l'avantage que l'eau procure à la communauté, mais d'après le préjudice causé au propriétaire de la source, par la restriction de son droit.

Cette indemnité sera supportée par ceux qui profiteront de l'eau, par le hameau seulement, et non par la commune entière, si cette eau ne sert qu'à ce hameau.

Les habitants de la communauté pourront acquérir, du propriétaire de la source, soit à titre onéreux, soit par donation entre vifs ou par testament, le droit de se servir des eaux de cette source. Mais, quand ils n'auront pas acquis ce droit, ils devront, pour se servir de ces eaux, payer au maître de la source une indemnité, qui sera fixée amiablement ou par experts.

Ils seront cependant dispensés de payer cette indemnité, quand, dit l'art. 643, ils auront *prescrit l'usage* de l'eau. Les auteurs sont divisés sur la question de savoir quelle est la prescription dont parle cet article ; les uns prétendent que

c'est la prescription à l'effet d'acquérir le droit à l'eau de la
source ; les autres soutiennent, au contraire, qu'il ne s'agit
ici que d'une prescription extinctive et libératoire de l'indemnité, à payer, par les habitants de la communauté,
au propriétaire de la source. Cette dernière opinion est
celle de Demolombe, et c'est aussi la nôtre. L'expression
employée dans l'art. 643 est inexacte ; car les habitants de
la communauté n'ont pas à prescrire le droit à l'usage de
l'eau, puisque ce droit existe, de par la loi, à leur profit,
aussitôt que l'eau leur est nécessaire. Cette nécessité devient leur titre, le titre de leur servitude active sur les eaux
de la source. Dès lors, quand l'art. 643 parle de prescription, il ne peut pas parler de la prescription d'un droit, qui
existe déjà au profit des habitants, en vertu d'une servitude légale ; par conséquent, la seule prescription, dont
parle cet article, est forcément une prescription extinctive et
libératoire, c'est-à dire la prescription de la dette d'indemnité, que les habitants ont à payer au propriétaire de la
source, quand ils ne l'ont pas prescrite.

Pour que les habitants de la communauté aient prescrit
cette indemnité, il suffit qu'ils aient usé habituellement,
pendant 30 ans, des eaux de la source nécessaires à leurs
besoins, sans que le propriétaire de cette source leur ait
réclamé d'indemnité ; et la possession qu'ils exercent ainsi,
en vertu de la servitude que leur confère la loi, n'a pas
besoin, pour être efficace, de s'appuyer sur des travaux
apparents, comme la possession dont parle l'art. 642. Le
consul Cambacérès l'a, du reste, nettement déclaré devant
le Conseil d'Etat, quand il a résumé la discussion sur

l'art. 643. Le cas qui nous occupe est le même que celui des art. 682 et 683, relatifs au passage sur la propriété d'autrui, en cas d'enclave. Le propriétaire enclavé a, de par la loi, le droit de réclamer un passage sur le terrain d'autrui, pour l'exploitation de son fonds, mais en payant une indemnité. S'il a exercé ce passage pendant 30 ans, il n'a pas acquis par prescription ce droit de passage, puisque c'est la loi qui le lui confère; il a seulement prescrit l'indemnité, qu'il n'a plus à payer au propriétaire du fonds, sur lequel il a passé pendant ces 30 ans.

Le propriétaire de la source peut réclamer aux habitants de la communauté l'indemnité à laquelle il a droit pour les eaux de sa source, nécessaires aux besoins de ces habitants, aussitôt que ceux-ci usent de ces eaux; et c'est aussi à partir de ce moment que commence la prescription libératoire de l'indemnité, que les habitants de la communauté peuvent invoquer, pour échapper au paiement de cette indemnité.

Si les travaux de recherche ou d'exploitation d'une mine étaient de nature à compromettre l'usage des sources, alimentant une communauté d'habitants, l'art. 50 de la loi du 28 juillet 1880 charge le préfet de prendre toutes les mesures nécessaires pour prévenir un tel résultat.

CHAPITRE V

DROIT DE FOUILLE

Celui qui est propriétaire d'un terrain, a le droit d'y faire des fouilles, c'est-à-dire de creuser le sol pour y chercher des eaux, y trouver une source ou augmenter le volume des eaux de la source, qui jaillit déjà dans ce terrain. Ce droit est une conséquence du droit de propriété, comme celui qui appartient au propriétaire d'une source, de disposer à son gré des eaux de celle-ci. Il résulte de l'art. 552, qui est ainsi conçu : « La propriété du sol emporte la « propriété du dessus et du dessous. Le propriétaire peut « faire au-dessus toutes les plantations et constructions qu'il « juge à propos, sauf les exceptions établies au titre des « servitudes ou services fonciers. Il peut faire au-dessous « toutes les constructions ou fouilles qu'il jugera à propos « et tirer de ces fouilles tous les produits qu'elles peuvent « fournir, sauf les modifications résultant des lois et règle- « ments relatifs aux mines et des lois et règlements de « police. »

Puisque le propriétaire d'un fonds est propriétaire de tout ce qui s'y trouve, de l'eau qui jaillit à la surface, comme de celle que le fonds renferme souterrainement, et comme, d'autre part, d'après l'art. 544, le propriétaire d'une chose peut en disposer à sa volonté, il faut en conclure que le propriétaire d'un héritage a le droit absolu de pratiquer dans celui-ci toutes les fouilles qui lui conviennent, quel que soit le résultat de ces fouilles pour le voisinage et dussent-elles couper les veines alimentaires des sources ou des puits des héritages voisins. Ce droit résulte même de l'art. 641, suivant Demolombe, qui s'exprime ainsi sur ce point (tome I, n⁰ 65) : « Encore bien que l'art. 641 ne « s'applique textuellement qu'à une source qui a son « ouverture sur le fonds, n'est-il pas douteux que la dis- « position qu'il consacre est également applicable, et même « *a fortiori* aux eaux souterraines, qui se trouvent dans « l'intérieur du sol. »

Les jurisconsultes romains admettaient déjà ce droit de fouille, mais avec une restriction. Le propriétaire d'un terrain pouvait y pratiquer des fouilles pour se procurer des eaux, et le voisin ne pouvait se plaindre de ces travaux, lors même que ceux-ci auraient eu pour résultat de couper les veines de son puits ou de sa source, à condition toutefois que l'auteur des fouilles eût agi dans un but d'utilité pour lui, et sans intention méchante pour le voisin. Mais si l'intention nuisible existait, si l'auteur des fouilles avait agi *animo nocendi,* le voisin lésé obtenait contre lui l'action de dol. Comme on le voit, le droit romain apportait au droit de fouille le tempérament qu'il apportait également

pour le maître de la source au droit de disposer des eaux
de celle-ci : car, ainsi que nous l'avons dit au début de
notre travail, suivant la loi romaine, le propriétaire d'une
source ne pouvait disposer de ses eaux, que dans un
intérêt d'utilité ou d'agrément pour lui-même, en l'absence
duquel il n'avait pas le droit d'en priver les voisins.

L'ancien droit avait suivi la tradition romaine, et Cujas
s'exprime ainsi sur ce point : « A l'égard de l'eau qui
« coule sous terre, il est loisible au maître de l'héritage
« de fouiller dans la terre pour en prendre l'eau et s'en
« servir à tel usage que bon lui semble, quoique cela
« fasse préjudice à son voisin, pourvu toutefois qu'il le
« fasse pour son utilité et non dans le dessein et uni-
« quement pour nuire à son voisin. »

Quelques auteurs, et parmi eux Proudhon, soutiennent
que, sous le droit actuel, comme sous le droit romain
et sous l'ancien droit, le propriétaire d'un héritage ne
peut y pratiquer des fouilles, interceptant et coupant les
veines alimentaires des sources des héritages voisins, qu'à
la double condition que ces fouilles soient utiles à leur
auteur et que celui-ci en les pratiquant, n'ait pas eu l'intention de nuire au voisin. Cette limitation du droit de
fouille est repoussée par la plupart des auteurs et par la
jurisprudence. L'art. 552 ne la reproduit pas ; cet article
est formel : non seulement il pose le principe que la propriété du sol entraîne la propriété du dessous, mais il
ajoute que « le propriétaire peut faire au dessous toutes
« les constructions et fouilles qu'il jugera à propos et
« tirer de ces fouilles..... » Nous sommes donc d'avis

que le propriétaire d'un fonds a le droit d'y pratiquer toutes les fouilles qui lui conviennent, quel qu'en soit le résultat pour les sources des héritages voisins. La jurisprudence s'est prononcée dans ce sens. Cass. civ. 29 novembre 1830. (D. J. G. V°. *Prescrip. civ.*, n° 157). — Req. 15 janvier 1835. (J. G. V° *Servit.*, n° 183, 1°). — Civ. 26 juillet 1836. (J. G. V° *Act. poss.*, n° 759). — Civ. 19 juillet 1837. (J. G. V° *Propr.*, n° 68, 2°). — Civ. 4 décembre 1849. (D. 1849. I. 305). — Civ. 22 août 1859. (D. 1860. I. 224). — Req. 13 juin 1865. (D. 1865. I. 447). — Civ. 28 mai 1872 (D. 1872. I. 349). — Req. 21 avril 1873 (D. 1873. I. 320). — Req. 14 février 1882. (S. 1883. I. 253).

Le droit de fouille est imprescriptible, comme le droit, pour le propriétaire d'une source, de détourner les eaux de celle-ci ; et, si le propriétaire du fonds est resté pendant 30 ans et plus, sans y pratiquer de fouilles, cette inaction de sa part ne lui a rien fait perdre de son droit de fouille, puisqu'il a ainsi négligé d'exercer un acte de pure faculté (art. 2.232).

Le droit de fouille est donc, en principe, absolu ; mais il se trouve cependant limité, dans certains cas que nous allons examiner.

Examinons d'abord l'hypothèse de fouilles exécutées dans un fonds sur lequel jaillit une source ; nous passerons ensuite à l'examen de ce qui devra être décidé, si les fouilles sont pratiquées dans un héritage, à la surface duquel il n'existe aucune source.

Quand une source jaillit d'un fonds, si le propriétaire de ce fonds n'a pas perdu soit par titre, soit par la destination du père de famille, soit par la prescription acquise au profit d'une tiers, l'intégralité de ses droits sur cette source, il peut évidemment pratiquer, dans ce fonds, toutes les fouilles qui lui conviennent. Quand la source est grevée de droits au profit de tiers, le propriétaire du fonds, où elle se trouve peut y faire exécuter des travaux ou des fouilles, dont le résultat serait de lui procurer des eaux autres que celles de la source grevée, si le volume des eaux de celle-ci n'est pas diminué par suite de ces travaux et si l'exercice des droits des tiers sur cette source n'en souffre pas.

Quand la totalité ou une partie des eaux d'une source est nécessaire aux habitants d'un hameau ou d'un village, la communauté peut s'opposer à l'exécution, dans le fonds duquel jaillit la source, de fouilles qui anéantiraient ou diminueraient le volume des eaux auxquelles elle a droit, à condition toutefois de payer l'indemnité voulue, si elle ne l'a pas prescrite, le tout conformément à l'art. 643. Disons néanmoins dès maintenant que, si la source n'est pas ouverte sur l'héritage, dans lequel le propriétaire du dit héritage veut pratiquer des fouilles, il a le droit de les pratiquer à sa volonté, lors même que ces fouilles intercepteraient les veines alimentaires d'une source, nécessaire aux habitants d'un village ou d'un hamean (Demolombe, tome I, nº 92). Jurisprudence conforme. Cass. 29 novembre 1830. (D. J. G. Vº *Servit.*, nº 183. — Civ. 26 juillet 1836. (D. J. G. Vº *Act. poss.*, nº 759).

Si le propriétaire d'une source a aliéné par titre la propriété totale ou partielle de cette source, ou s'il a, égalementment par titre, constitué sur elle un droit de servitude ou d'usage, il lui est interdit d'exécuter, soit sur le terrain où est la source, soit sur les fonds voisins, des fouilles dont le résultat serait de porter atteinte aux droits, qu'il aurait cédés à des tiers sur cette source.

Quand le propriétaire d'un terrain, dans lequel surgit une source, a réglé, par convention avec un voisin, l'usage des eaux de cette source, celui-ci ne peut rien faire dans son fonds, qui soit de nature à porter atteinte à cette convention ; il ne pourrait, par conséquent, pratiquer dans son terrain des fouilles, qui couperaient les veines alimentaires de la source, qui fait l'objet de la convention. Arrêts de Cassation, req., 19 juillet 1837. (D. J. G., Vᵒ *Propr.*, nᵒ 68, 2ᵒ) et req., 20 juin 1842. (D. J. G., Vᵒ *Servit.*, nᵒ 137).

Si les droits des tiers sur la source sont le résultat de la destination du père de famille, dans le cas d'un partage, par exemple, le propriétaire du fonds d'où jaillit la source ne pourrait pratiquer, ni dans ce fonds, ni dans le fonds voisin, des fouilles qui anéantiraient ou diminueraient le volume des eaux auxquelles ces tiers ont droit. Cass., req., 22 août 1859. (D. 1860. I. 221.)

Enfin si des tiers ont acquis, par prescription, des droits sur la source, le propriétaire du fonds où elle surgit, ne peut exécuter dans ce fonds des travaux, dont le résultat serait d'entraver ou de diminuer, d'une façon quelconque, l'étendue ou l'exercice de ces droits. Cependant le propriétaire de la source pourrait faire exécuter, dans un fonds voisin lui appartenant, mais venant d'une autre origine, toutes les fouilles qui lui conviendraient, lors même qu'elles couperaient les veines alimentaires de la source sur laquelle des droits ont été acquis par prescription à des tiers, si ceux-ci n'avaient pas fait exécuter depuis 30 ans au moins, sur ce fonds voisin, des ouvrages apparents, indiquant que leur prescription frappait, non seulement le terrain dans lequel surgit la source, mais encore le fonds voisin, appartenant aussi au maître de la source.

Examinons maintenant, relativement au droit de fouille, le cas du propriétaire d'un terrain, sur lequel ne surgit aucune source. Ce propriétaire a le droit d'y faire toutes les fouilles qui lui conviennent, sans souci du résultat de ces fouilles pour les sources des héritages voisins. Ce droit est, comme nous l'avons dit, en principe, absolu.

Mais le propriétaire du fonds peut y renoncer, notamment dans les deux cas suivants :

1º Quand il consent, au profit d'un tiers, la constitution sur son fonds, d'une servitude *non fodiendi*. Cette servitude, qui existait sous le droit romain (Loi 15. D. *De servitutibus*. Liv. VIII. Tit. I) est fort étendue. Quand un propriétaire l'a consentie, il s'interdit toutes fouilles, tout travail souterrain ou à ciel ouvert sur son fonds, alors même que leur innocuité serait évidente. Du moment où il creuse, il est en faute et le bénéficiaire de la servitude peut l'actionner pour l'obliger à cesser son travail.

2º Le propriétaire d'un fonds peut, sans consentir de servitude *non fodiendi*, céder, à titre onéreux ou à titre gratuit, à un voisin, la totalité ou une partie des eaux souterraines de ce fonds. Dans ce cas, le cédant n'a pas perdu le droit de creuser ou de fouiller son fonds ; mais s'il le fait, c'est à ses risques et périls, et à condition de ne pas porter atteinte aux droits qu'il a cédés. Si, par ces travaux, il a détourné tout ou partie des eaux qu'il avait aliénées, leur cessionnaire peut l'actionner en rétablissement des lieux et en dommages-intérêts, ou en dommages-intérêts seulement, si le rétablissement des lieux n'est plus possible.

La loi a apporté au droit de fouille diverses restrictions, dans un intérêt général :

1º Ainsi d'anciennes ordonnances, datant des XVIIe et XVIIIe siècles, encore en vigueur aujourd'hui, défendent aux propriétaires des héritages voisins des sources qui alimentent les fontaines de Paris, de Rouen et de Montpellier, d'exécuter, sur ces héritages, des travaux, qui auraient pour résultat de couper les veines de ces sources.

2º Les sources d'eaux minérales sont actuellement protégées par une législation spéciale contre les fouilles, que des tiers voudraient pratiquer dans le voisinage de ces sources et qui pourraient les atteindre. Nous allons examiner cette législation dans le chapitre suivant, que nous consacrerons en entier aux Eaux minérales.

CHAPITRE VI

EAUX MINÉRALES

Les sources minérales sont soumises à une législation
spéciale, en considération de l'intérêt particulier qu'a la
santé publique à leur conservation et à leur bonne administration. On a pensé, avec raison, que la société avait
sur elles quelques droits; et on a exigé, pour leur exploitation, des garanties, qui ne suppriment pas le droit de
propriété du maître de ces sources, mais le limitent cependant dans un intérêt général et en empêchent les abus.

Avant 1789, l'État exerçait déjà une surveillance particulière sur les eaux minérales. La déclaration royale du
25 avril 1772 réglemente leur exploitation. Elle établit une
commission royale de médecine, chargée de veiller à la
conservation des sources minérales déjà connues et de
chercher à en découvrir de nouvelles. Cette commission
nomme des inspecteurs pour la surveillance des sources
et organise, pour la distribution et la vente des eaux en

provenant, des bureaux, dans lesquels doit être affiché le prix de ces eaux. En 1781, un arrêté attribue la police des sources minérales aux paroisses et organise le corps des intendants de ces sources, qui doivent diriger leur exploitation et rendre compte de leur état, chaque année, au premier médecin du roi.

Sous la Révolution, le Gouvernement prit plusieurs arrêtés relatifs aux eaux minérales, mais qui ne faisaient guère que reproduire les règlements précédents, à l'exception cependant de l'arrêté du Directoire du 23 vendémiaire an VI, dans lequel se trouve la disposition suivante : « Les militaires blessés au service de la patrie et « les indigents, munis de certificats des autorités qui les « auront adressés, constatant leurs blessures ou infirmi- « tés, recevront gratuitement le secours des eaux. »

L'ordonnance du 18 juin 1823 forme un véritable Code sur la matière. Elle porte qu'aucune source d'eau minérale, lors même qu'elle apppartiendrait à un particulier, ne pourra être exploitée sans une autorisation préalable du Ministre de l'Intérieur, délivrée sur l'avis des autorités locales, et après les analyses nécessaires pour que les propriétés des eaux soient exactement déterminées. Le Ministre pourra donc refuser à un particulier, l'autorisation d'exploiter une source minérale, appartenant à celui-ci, s'il pense que cette exploitation doit présenter des dangers pour la santé publique; mais, en dehors de ces cas, il ne peut refuser l'autorisation demandée. Une fois l'autorisation accordée, dit l'article 2, elle ne pourra être révoquée qu'en cas de résistance aux règles prescrites par l'ordonnance d'autorisation ou d'abus, qui seraient de nature à compromettre là santé publique. Un docteur en médecine, nommé par l'administration, sera attaché en qualité d'inspecteur à chaque établissement d'eaux minérales, dont il devra surveiller l'exploitation. Toutefois, un seul inspecteur pourra suffire pour plusieurs établissements voisins, s'il lui est possible d'exercer ainsi sur eux une surveillance suffisante.

D'après l'ordonnance qui nous occupe, les établissements d'eaux minérales de l'Etat doivent être administrés par le Préfet, sous l'autorité du Ministre de l'Intérieur : ceux des départements, communes ou institutions charitables sont soumis au même régime que les autres biens leur appartenant. Contrairement à ce qui avait lieu précédemment, le propriétaire de l'établissement fixe lui-même le prix de ses eaux, qu'il doit afficher dans cet établissement.

Le Préfet a des pouvoirs de police très étendus sur tous les établissements de sources minérales, ouverts au public, relativement auxquels il prend des règlements, soumis préalablement à l'approbation du Ministre, et qui doivent être affichés.

L'article 11 reproduit les dispositions de l'arrêté de vendémiaire an VI, relatives aux indigents, qui doivent être soignés gratuitement par le médecin inspecteur. La dépense du séjour de l'indigent, pendant qu'il prend les eaux, est à la charge de la commune dont il dépend.

Le Code civil n'a pas fait de distinction relativement au droit de fouille entre les sources ordinaires et les sources minérales. D'après lui, tout propriétaire a le droit de pratiquer dans son fonds, des fouilles coupant les veines alimentaires d'une source voisine, quelle que soit la nature des eaux de cette source. Mais la législation actuelle, spéciale aux sources minérales, a changé complètement le système du Code sur ce point. Avant cette législation, l'autorité administrative, non plus que l'autorité judiciaire ne pouvaient protéger les établissements d'eaux minérales contre les atteintes, que leur causaient les fouilles pratiquées dans le fonds voisin. L'ordonnance royale du 18 juin 1823, qui, ainsi que nous venons de le voir, avait réglementé l'exploitation des sources minérales, n'avait rien fait pour les protéger contre les travaux exécutés sur les terrains voisins. Les Tribunaux se refusaient à interdire ou à réprimer les actes permis par les articles 552 et 544 du Code Civil, et la Cour de Cassation avait décidé plusieurs fois, que les propriétaires voisins des établissements d'eaux minérales avaient le droit de pratiquer dans leurs propres fonds, toutes les fouilles qui leur convenaient, lors même qu'elles auraient pour résultat de dénaturer ou de tarir les sources alimentant ces établissements. Il y avait donc, dans notre législation sur le régime de ces eaux, une importante lacune que le gouvernement de Louis-Philippe résolut de combler. En effet, en 1837, il présenta un premier projet de loi, dans le but de protéger les établissements thermaux contre les entreprises des voisins. Ce projet, modifié par la Commission, revint le 18 février 1837 à la Chambre des Pairs, qui l'adopta par 96 voix contre 1. Mais il fut rejeté par la

7

Chambre des Députés, qui prétendit qu'il portait atteinte au droit de propriété. En 1846, le Gouvernement fit une seconde tentative tout aussi infructueuse. En 1847, un projet de loi fut de nouveau rédigé et il allait être discuté par les Chambres, lorsqu'éclata la Révolution de 1848.

La situation des établissements d'eaux minérales était devenue, dans notre pays, si précaire, que le gouvernement provisoire, sans attendre le vote d'une loi, crut devoir pourvoir au plus pressé par le décret du 10 mars 1848, ainsi conçu : « Aucun sondage, aucun travail sou-« terrain ne pourront être pratiqués sans l'autorisation « préalable du Préfet du département, dans un périmètre « de mille mètres au moins de rayon, autour de chacune « des sources d'eaux minérales, dont l'exploitation aura « été régulièrement autorisée. Cette autorisation ne sera « délivrée que sur l'avis de l'ingénieur des mines du dé-« partement et du médecin-inspecteur de l'établissement « thermal. » Ce décret fut l'objet de bien des critiques. D'abord sa légalité fut discutée. Un arrêt de la Cour de Cassation du 4 décembre 1849 le déclara sans valeur légale et le considéra par conséquent comme inexistant. Mais d'autres arrêts, cependant, et assez nombreux, le considérèrent comme valable et l'appliquèrent.

Enfin *la loi du 14 juillet 1856* vint remplacer ce décret ; elle règle d'une façon à peu près complète la matière et elle est encore en vigueur aujourd'hui. D'après cette loi, il y a trois catégories d'eaux minérales :

1º Celles qui, ne présentant pas de véritable intérêt pour

l'hygiène publique, ne sont l'objet d'aucune mesure particulière de protection.

2° Celles qui sont simplement déclarées d'intérêt public
(art. 1).

3° Celles qui sont déclarées d'intérêt public et pourvues
d'un périmètre de protection (art. 2).

La déclaration d'intérêt public et la fixation du périmètre
de protection doivent être précédées des formalités, déterminées par le règlement d'administration publique du
8 septembre 1856, modifié le 11 avril 1888, et sont pronon-
cées ensuite après enquête par un décret, délibéré en
Conseil d'Etat. Ainsi, sous l'empire de la loi qui nous
occupe, aucune source n'a plus de plein droit de périmètre
de protection ; et l'étendue du périmètre accordé est
fixée par le décret, suivant l'importance de la source et ses
conditions topographiques. De nouveaux décrets peuvent
en outre en modifier l'étendue.

Aux termes de l'art. 8 de cette loi, le propriétaire d'une
source, déclarée d'intérêt public, peut exécuter, sur son
fonds, tous les travaux de captage et de disposition qui lui
conviennent, pour conserver, conduire et distribuer les
eaux de cette source, un mois après la communication de
ses projets au Préfet. Si celui-ci s'oppose à leur exécution,
le maître de la source ne peut commencer ses travaux,
qu'après y avoir été autorisé par le Ministre. A défaut de
décision dans le délai de trois mois, il peut faire procéder
à l'exécution des travaux projetés.

L'art. 3 est ainsi conçu : « Aucun sondage, aucun travail
« souterrain ne peuvent être pratiqués dans le périmètre

« de protection d'une source minérale, déclarée d'intérèt
« public, sans autorisation préalable. — A l'égard des fouil-
« les, tranchées pour extraction de matériaux ou pour un
« autre objet, fondations de maisons, caves ou autres tra-
« vaux à ciel ouvert, le décret qui fixe le périmètre de pro-
« tection peut exceptionnellement imposer aux proprié-
« taires l'obligation de faire au moins un mois à l'avance
« une déclaration au Préfet, qui en délivre récépissé. »
D'après cet article donc, quand le propriétaire du fonds
voisin de la source veut exécuter des travaux dans le
périmètre de protection, il ne le peut qu'aux conditions
suivantes. S'il s'agit d'un sondage ou d'un travail souterrain, il lui faut une autorisation préalable. S'il s'agit, au
contraire, de tranchées ou d'autres travaux à ciel ouvert, il
est libre de les exécuter, mais après en avoir fait la décla-
tion au Préfet, un mois à l'avance, quand cette obligation
lui a été imposée par le décret. Si cette obligation ne lui a
pas été imposée, le voisin peut exécuter, quand bon lui
semble, les travaux à ciel ouvert qui lui conviennent.

L'article 4 porte que « les travaux énoncés dans l'article
« précédent et entrepris suivant les prescriptions du dit
« article, peuvent, sur la demande du propriétaire de la
« source, être interdits par le Préfet, si leur résultat cons-
« taté est d'altérer ou de diminuer la source. Le proprié-
« taire du terrain est préalablement entendu. L'arrêté du
« Préfet est exécutoire par provision, sauf recours au
« Conseil de préfecture et au Conseil d'Etat par la voie
« contentieuse. » Les travaux dont parle l'article 3 et entrepris, soit en vertu d'une autorisation préalable, soit

après une déclaration au Préfet, quand cette déclaration est imposée, soit sans déclaration, quand le décret ne l'impose pas, peuvent être interdits par le Préfet, sur la demande du propriétaire de la source, quand ils ont pour résultat d'altérer ou de diminuer les eaux de celle-ci.

L'article 5 concerne les travaux entrepris en dehors du périmètre et l'article 6, ceux entrepris dans le voisinage d'une source déclarée d'utilité publique, mais à laquelle aucun périmètre n'a été assigné. D'après ces articles, pour entreprendre ces travaux, il n'y a ni autorisation à obtenir, ni déclaration à faire; mais pendant leur exécution, s'ils sont de nature à altérer ou diminuer les eaux de la source, le Préfet peut les suspendre. Ils pourraient être repris, dans les 6 mois, si, à l'expiration de ce délai, le périmètre n'a pas été étendu, de façon à comprendre le fonds, où les travaux avaient été commencés. Du reste, les sondages et les travaux souterrains sont les seuls travaux que le Préfet puisse interdire en dehors du périmètre. Si des travaux à ciel ouvert, que le Préfet ne peut pas défendre, étaient exécutés de façon à menacer l'existence de la source, le propriétaire de celle-ci pourrait poursuivre immédiatement l'extension du périmètre, et une fois le décret rendu, obtenir la destruction de ces travaux, moyennant indemnité.

Les articles 3, 5 et 6, que nous venons d'examiner, restreignent donc la liberté d'action du propriétaire du fonds voisin d'une source, en lui défendant d'exécuter des travaux sur ce fonds. Mais la loi va plus loin, et par son article 7, elle porte une atteinte plus grave encore au droit du propriétaire du fonds, situé dans le périmètre de pro-

tection de la source, en déclarant que le maître de celle-ci aura le droit de faire exécuter dans ce périmètre, tous les travaux de captage et d'aménagement nécessaires pour la conservation, la conduite et la distribution des eaux minérales. Voici, du reste, le texte de cet art. 7. « Dans l'in-
« térieur des périmètres de protection, le propriétaire
« d'une source, déclarée d'utilité publique, a le droit de
« faire, dans les terrains d'autrui, à l'exception des mai-
« sons d'habitation et des cours attenantes, tous les tra-
« vaux de captage et d'aménagement nécessaires pour la
« conservation, la conduite et la distribution de cette.
« source, lorsque ces travaux ont été autorisés par un
« arrêté du Ministre de l'agriculture, du commerce et des
« travaux publics. Le propriétaire du terrain est entendu
« dans l'instruction. »

La servitude, qui grève les terrains situés dans le péri-mètre de protection, assigné à une source minérale, est très lourde et de nature à les déprécier considérablement. Cependant la loi de 1856 ne parle pas d'indemnité à accorder aux propriétaires de ces terrains, en compensation du pré-judice, que leur cause l'établissement de cette servitude. On a soutenu que le principe de l'indemnité préalable n'était pas supprimé dans ce cas, mais un arrêt de la Cour de Montpellier du 9 janvier 1878 (D. 1878, II, 222) et un arrêt de la Cour de Cassation du 30 janvier 1879 (D. 1879, I, 79) ont décidé que les propriétaires compris dans le périmètre de protection n'avaient droit à aucune indem-nité pour l'établissement, sur leurs fonds, de la servitude dont il s'agit. Cette lacune de la loi est, à notre avis, très regrettable, d'autant plus que l'exploitation d'une source minérale donne généralement à son maître des bénéfices considérables, qui lui permettraient facilement de réparer le préjudice qu'il cause à la propriété voisine, en faisant comprendre celle-ci dans le périmètre de protection de cette source.

La loi de 1856 n'accorde d'indemnité aux propriétaires des fonds voisins, que dans le cas de suspension, d'interdiction on de destruction de leurs travaux, par application des art. 4, 5 et 6 de cette loi et dans le cas d'occupation de ces fonds ou d'exécution de travaux sur eux. Ce sont les art. 9 et 10, qui règlent les conditions et le *quantum* de cette indemnité. Nous en reproduisons le texte.

Art. 9. « L'occupation d'un terrain compris dans le « périmètre de protection, pour l'exécution des travaux « prévus par l'art. 7, ne peut avoir lieu qu'en vertu d'un « arrêté du Préfet, qui en fixe la durée. Lorsque l'oc- « cupation d'un terrain compris dans le périmètre prive « le propriétaire de la jouissance du revenu, au delà du « temps d'une année, ou lorsque, après les travaux, le « terrain n'est plus propre à l'usage auquel il était em- « ployé, le propriétaire du dit terrain peut exiger, du « propriétaire de la source, l'acquisition du terrain occupé « ou dénaturé. Dans ce cas, l'indemnité est réglée sui- « vant les formes prescrites par la loi du 3 mai 1841. « Dans aucun cas l'expropriation ne peut être provoquée « par le propriétaire de la source. »

Art. 10. « Les dommages dus par suite de suspension, « interdiction ou destruction de travaux, dans les cas

« prévus aux art. 4, 5, 6, ainsi que ceux dus à raison de
« travaux, exécutés en vertu des art. 7 et 9, sont à la
« charge du propriétaire de la source. L'indemnité est
« réglée à l'amiable ou par les tribunaux. Dans les cas
« prévus par les articles 4, 5 et 6, l'indemnité due par
« le propriétaire de la source ne peut excéder le mon-
« tant des pertes matérielles, qu'a éprouvées le proprié-
« taire du terrain, et le prix des travaux devenus inutiles,
« augmenté de la somme nécessaire pour le rétablisse-
« ment des lieux dans leur état primitif. »

Art. 12. « Si une source d'eau minérale, déclarée d'in-
« térêt public, est exploitée d'une manière qui en com-
« promette la conservation, ou si l'exploitation ne satis-
« fait pas aux besoins de la santé publique, un décret
« impérial, délibéré en Conseil d'Etat, peut autoriser l'ex-
« propriation de la source et de ses dépendances néces-
« saires à l'exploitation, dans les formes réglées par la
« loi du 3 mai 1841. »

Les articles 13 et suivants édictent des pénalités, dans le
cas d'infraction aux dispositions de la loi, que nous venons
d'analyser, sans dire quel est le tribunal compétent pour les
appliquer. Il faut en conclure, par conséquent, que c'est
devant la juridiction de droit commun, devant les tribunaux
ordinaires, que ces infractions doivent être déférées.

Un décret du 28 janvier 1860 a réglé spécialement l'exploitation et la surveillance des eaux minérales. Il reproduit à peu près les dispositions de l'ordonnance de 1823.
Nous ne pensons pas que l'analyse de ce décret rentre
dans notre cadre.

L'art. 50 de la loi du 28 juillet 1880, sur les mines, donne au Préfet les pouvoirs les plus étendus, pour protéger les sources minérales contre les travaux de recherche ou d'exploitation d'une mine. Quels que soient ces travaux, qu'ils soient souterrains ou non, qu'ils soient exécutés dans le périmètre de protection des sources minérales ou en dehors de ce périmètre, le Préfet a toujours le droit de les suspendre et d'ordonner toutes les mesures préventives qu'il croit nécessaires à la conservation des sources minérales, que les travaux du concessionnaire de la mine pourraient atteindre.

Les eaux minérales dont parle cet article sont celles qui ont été l'objet d'une reconnaissance administrative, et qui, par conséquent, peuvent être livrées et administrées au public en vertu d'une autorisation du Ministre.

CHAPITRE VII

RESPONSABILITÉ DU CONCESSIONNAIRE DE LA MINE, RE-LATIVEMENT AU TARISSEMENT DES SOURCES, CAUSÉ PAR L'EXPLOITATION DE CETTE MINE

Les mines constituent une propriété d'une nature parti-culière, régie par la loi du 21 avril 1810. L'art. 7 de cette loi dit, en parlant de l'acte de concession : « Il donne la « propriété perpétuelle de la mine, laquelle est, dès lors, « disponible et transmissible, comme tous les biens. » D'après l'art. 19 de la même loi, la propriété de la mine est distincte de celle de la surface, sous laquelle elle est con-cédée. Mais cette propriété est-elle soumise à toutes les règles du droit commun, notamment dans ses rapports avec les propriétés voisines ? L'exploitation d'une mine exige des fouilles et des travaux souterrains considérables, qui amènent souvent le tarissement des sources, qui exis-taient avant cette exploitation, dans les terrains, sous les-quels la mine est concédée ou dans les terrains voisins. La responsabilité du concessionnaire de la mine, relativement au tarissement de ces sources, a donné lieu à bien des difficultés. Pour les résoudre, il importe de distinguer deux hypothèses : celle où la source, tarie par suite de l'exploitation de la mine, se trouvait sur le terrain situé au-dessus de cette mine ou, au moins dans le périmètre de la concession, et celle où l'exploitation de la mine a causé le tarissement de sources placées en dehors du périmètre de la concession.

Dans la première hypothèse, une jurisprudence unanime décide que le concessionnaire est responsable du tarissement, complet ou partiel, produit par ses travaux, de la source ou du puits existant dans le terrain, sous lequel se trouve la mine concédée. Ainsi un arrêt de la Cour de Cassation, req. du 4 janvier 1841 (D. Rép., V° *Mines*, n° 349) a jugé que le propriétaire de la surface, devant être indemnisé de tous les dommages accidentels qui résultent de l'exploitation souterraine de la mine, concédée au-dessous de cette surface, a, par cela même, si cette exploitation entraîne à son préjudice la privation des eaux, servant à l'irrigation de ses propriétés ou à son usage, le droit de répéter contre le propriétaire de la mine une indemnité à raison de cette privation. Un autre arrêt de la Chambre des requêtes du 20 juillet 1842 (D. Rep. V° *Mines*, n° 351) a jugé que le concessionnaire d'une mine est tenu envers le propriétaire de la surface, indépendamment de la redevance attribuée à celui-ci par l'acte de concession, à la réparation de tous les dommages, que lui causent les travaux d'exploitation de cette mine, même dans le cas où cette exploitation aurait lieu d'une manière régulière et conformément aux règles de l'art.

Deux arrêts de la même Chambre des requêtes du 8 juin 1869 (D. 1870. I. 147 et 148) ont jugé que le concessionnaire d'une mine est soumis à une indemnité envers le propriétaire de la surface, à raison du dommage causé à ce dernier par le tarissement, résultant des travaux de la mine, des eaux servant à l'exploitation de sa propriété ; attendu que l'article 552 d'après lequel le propriétaire d'un terrain a le droit de faire des fouilles qui amèneraient le tarissement des sources et puits de l'héritage voisin, n'est pas applicable dans le cas de travaux d'une mine qui ont asséché la surface, celle-ci n'étant pas considérée comme un fonds voisin de la mine.

Enfin la Chambre civile de la Cour suprême rendait un arrêt dans le même sens, le 27 janvier 1885 (D. 1885. 1. 297). Nous croyons devoir reproduire quelques-uns des considérants de cet arrêt : « Attendu que ce dernier (le propriétaire « de la surface), ne pouvant, dès lors, être considéré « comme un propriétaire voisin, dont les sources ont été « taries par les travaux de fouilles opérées dans son fonds, « par le propriétaire de l'héritage contigu, il n'y avait pas « lieu d'appliquer à la suppression des sources en litige « les principes de l'art. 641 CC, mais les règles touchant « à la concession et à l'exploitation des mines ; — attendu « que, par suite de la concession d'une mine, deux pro- « priétés superposées sont créées, l'une comprenant la « superficie, l'autre le tréfonds ; que la constitution arti- « ficielle de ces deux propriétés distinctes établit entre

« l'une et l'autre des rapports nécessaires très différents
« de ceux qui existent entre deux héritages situés l'un à
« côté de l'autre, et dès lors aussi des obligations récipro-
« ques dont la loi de 1810 a dû tenir et a tenu compte ; que
« si cette loi n'a pas prévu expressément le cas où un
« dommage serait causé à la superficie par le tarissement
« des sources dont l'eau arrosait et fertilisait le sol, il ré-
« sulte de l'ensemble des dispositions de cette loi, qu'elle
« a voulu que le concessionnaire du tréfonds indemnisât
« le propriétaire superficiaire de tous les dommages que
« l'exploitation causerait à la propriété dont il est resté
« le maître. »

D'après la jurisprudence que nous venons de citer, pour
que le concessionnaire d'une mine soit responsable du tarissement total ou partiel d'une source ou d'un puits, causé
par les travaux d'exploitation de cette mine, il n'est pas
même nécessaire que ces travaux aient été exécutés exactement sous le terrain, dans lequel s'est produit le tarissement de cette source ou de ce puits : il suffit que ceux-ci
se trouvent compris dans le périmètre de la concession,
dans lequelles travaux ont eu lieu.

Un arrêt de la Cour de Nancy du 7 décembre 1895 a
jugé, conformément à la jurisprudence de la Cour de Cassation, que les travaux d'exploitation d'une mine, qui
avaient causé le tarissement d'un puits situé dans le périmètre de la concession, mais non au-dessus des travaux
ayant produit ce tarissement, obligent le concessionnaire
de cette mine à réparer le préjudice, qu'il a ainsi occasionné au propriétaire du puits. Cet arrêt est fort bien mo-

tivé, en fait comme en droit. Nous croyons devoir en reproduire ici les considérants suivants :

« Attendu qu'aux termes de l'art. 15 de la loi du 21 avril
« 1810, tout concessionnaire de mine est tenu de réparer
« le préjudice que son exploitation occasionne au proprié-
« taire de la surface ; que cette responsabilité est la com-
« pensation du trouble exceptionnel, que la concession
« de la mine et l'exploitation souterraine apportent, dans
« un but d'intérêt général, à l'état de la propriété fon-
« cière... que c'est par une véritable dérogation au droit
« commun que le législateur de 1810 a entendu protéger
« les propriétaires de la surface contre les entreprises des
« concessionnaires de la mine, même lorsqu'ils ne com-
« mettent aucune faute dans leur exploitation... qu'il
« n'est point nécessaire, pour que Muller ait droit à cette
« réparation, que sa propriété soit placée précisément
« au-dessus des travaux qui ont occasionné le préjudice...
« qu'il suffit que cette propriété soit située dans le péri-
« mètre de la concession... qu'il est admis que tous les
« travaux d'une concession sont solidaires, qu'ils ne for-
« ment qu'un tout assujéti aux mêmes obligations. —
« Attendu, d'autre part, que la société appelante invoque
« en vain, pour échapper à la responsabilité qui lui in-
« combe, les art. 552 et 641 CC, qui ne sont en aucune
« façon applicables dans la cause ; que l'art. 552 règle les
« rapports des propriétaires des surfaces entre eux et ne
« prévoit pas le cas où le tréfonds se trouve séparé de la
« surface ; — que l'art. 641 règle les droits du propriétaire
« qui a une source dans son fonds et lui permet d'en user

« à sa volonté, mais que cette disposition ne saurait s'éten-
« dre au propriétaire d'une nappe d'eau souterraine qui
« n'est point une source et qui peut se rencontrer dans le
« cours d'une exploitation minière. »

Le concessionnaire de la mine serait même responsable
du tarissement d'une source, qui ne se trouverait pas située
dans le périmètre de la concession, s'il était établi, que le
tarissement a été causé par les travaux d'exploitation de la
mine et s'il en résultait un dommage pour une portion quelconque de la propriété supérieure comprise dans le périmètre, qui utilisait les eaux de la source tarie.

Examinons maintenant la deuxième hypothèse, c'est-à-
dire celle de sources ou de puits situés en dehors du
périmètre de la concession et qui sont privés d'eau par
suite des travaux de la mine. A l'exception du cas que
nous avons examiné tout à l'heure, c'est-à-dire d'une
source émergeant en dehors du périmètre, mais dont les
eaux seraient utilisées sur la surface comprise dans ce périmètre, le concessionnaire de la mine n'est pas responsable
de l'assèchement des sources ou des puits, ne se trouvant
pas sur la surface supérieure. Ainsi l'a décidé un arrêt de
la Cour de Cassation française du 12 août 1872, Chambre
des requêtes (D. 1872. I. 369). Nous croyons devoir reproduire les considérants suivants de cet arrêt : « Attendu
« qu'il résulte des art. 544, 552 et 641 CC., que la faculté,
« qui appartient à tout propriétaire d'user des eaux qui se
« trouvent dans son fonds, constitue pour lui un avantage
« accidentel et dont il peut être privé sans dédommage-
« ment par les fouilles qu'un autre propriétaire vient à

« pratiquer ou à autoriser dans son propre fonds... —
« Attendu que si le propriétaire de la mine est obligé de
« réparer les dommages que ses travaux peuvent causer à
« la surface, cette obligation peut d'autant moins être éten-
« due aux propriétés voisines, qu'elle est fondée sur la
« nature particulière des relations créées entre la mine et
« la surface par la superposition de ces deux propriétés,
« dont l'une est le démembrement de l'autre. »

Comme on le voit, la Cour suprême française a, dans la
deuxième hypothèse, que nous examinons maintenant, une
jurisprudence absolument opposée à celle qu'elle a toujours
eue dans le cas de tarissement de sources ou de puits situés
sur la surface comprise dans le périmètre.

Un arrêt de la Cour de Nîmes du 14 janvier 1873 (DP.
1874. II. 245) a décidé que le concessionnaire d'une mine
n'est pas responsable du tarissement des sources envers
les propriétaires des fonds voisins, non compris dans le
périmètre concédé, alors surtout que le concessionnaire
est en même temps propriétaire de la surface, au point
où ont été exécutés les travaux souterrains, qui ont tari les
sources voisines. Cette circonstance de la réunion sur la
même tête de la propriété de la surface et de celle de la
mine existait dans l'affaire jugée par la Cour de Cassation
le 12 août 1872 : mais cette Cour l'a considérée comme
étant sans influence sur sa décision, et ne la mentionne
même pas dans son arrêt. Le motif de ce silence se
comprend facilement : la réunion, entre les mains de la
même personne, de la surface et de la mine ne confond
pas ces deux propriétés en une seule et n'a pas pour

effet de changer les droits et les charges résultant de la concession.

On a critiqué la jurisprudence française, qui affranchit le concessionnaire d'une mine de toute responsabilité, relativement au tarissement, produit par ses travaux, des sources et puits situés en dehors du périmètre de la concession. M. Picard, notamment s'exprime ainsi (tome I, page 82) sur l'application aux mines de l'article 552 et du droit commun : « L'article 552 CC, a été édicté pour les « propriétés de la surface : il ne prévoit ni la séparation « du tréfonds et de la superficie, ni les fouilles autres que « celles que comporte l'utilisation ordinaire du sol. La pro- « priété minière conserve son caractère anormal de pro- « priété souterraine au regard des terrains supérieurs, « situés hors du périmètre de la concession, comme au « regard des terrains compris dans ce périmètre. Pour les « uns comme pour les autres, l'exploitation de la mine « diffère profondément de l'œuvre ordinaire du proprié- « taire superficiel et sort des prévisions de l'art. 552 : elle « est comparable à l'exécution de grands travaux publics, « à l'ouverture de tranchées profondes ou de souterrains. « Or, depuis quelques années, le Conseil d'Etat n'hésite pas « à reconnaître le droit à l'indemnité des propriétaires dont « les eaux sont interceptées par ces travaux. »

Un nouveau projet de loi sur les mines, déposé en 1886, par le Ministre des travaux publics, porte, dans une de ses dispositions, que « le propriétaire de la mine sera tenu de « réparer tous les dommages occasionnés à la surface, par « les travaux d'exploitation. » Ce projet n'a pas encore été discuté devant les Chambres, et, s'il est converti en loi, le concessionnaire de la mine sera responsable de l'assèchement produit par ses travaux, non seulement du terrain supérieur à sa mine, mais encore de celui situé en dehors du périmètre de la concession.

La Cour de Cassation belge ne fait pas de distinction, quant à la responsabilité du concessionnaire de la mine, relativement au tarissement des sources et puits, produit par l'exploitation de cette mine. Suivant un arrêt de cette Cour du 30 mai 1872 (D. 1874. II. 241), les concessionnaires des mines sont responsables du tarissement des sources, ainsi que de tout autre dommage envers le propriétaire de la surface, dont les fonds sont situés dans le voisinage *immédiat*, aussi bien qu'envers ceux dont les fonds sont compris dans le périmètre concédé. Et il appartient aux tribunaux de déterminer dans chaque espèce, où finit le voisinage *immédiat*.

L'art. 50 de la loi du 21 avril 1810 investit le Préfet de chaque département d'un droit de surveillance sur les mines et le charge des mesures à prendre dans l'intérêt des personnes et des propriétés. On avait essayé de trouver dans cet article, un moyen de protéger les sources exposées à tarir par suite des travaux d'exploitation d'une mine, quand ces sources étaient destinées à un usage public. Et on insérait dans le cahier des charges, joint au décret de concession de la mine, une clause, imposant au concessionnaire l'obligation de prendre les précautions nécessaires, pour ne pas atteindre les sources en question. Mais la section des travaux publics du Conseil d'État et le Conseil général des mines n'admettaient pas que l'administration eût le droit de régler ainsi les rapports entre les concessionnaires et les propriétaires des sources, privées ou affectées à un usage public.

La loi du 28 juillet 1880 a modifié certains articles de la loi du 21 avril 1810 et notamment l'art. 50 qui, depuis cette nouvelle loi, est ainsi conçu : « Si les travaux de recherche « ou d'exploitation d'une mine sont de nature à compro-« mettre la sécurité publique, la conservation de la mine, « la sûreté des ouvriers mineurs, la conservation des voies « de communication, celle des eaux minérales, la solidité « des habitations, l'usage des sources qui alimentent des « villes, villages, hameaux et établissements publics, il y « sera pourvu par le Préfet. » D'après cet article donc, le Préfet est chargé de prendre toutes les mesures nécessaires, pour assurer la conservation des eaux minérales et celle des sources servant aux besoins d'une communauté d'habitants ou d'un établissement public, qui seraient menacées par les travaux d'exploitation d'une mine.

Par établissements publics, il faut entendre tout établissement de l'Etat, du département ou des communes, qui a une individualité propre et sert à un usage public, tel qu'un établissement d'instruction publique ou un hospice communal.

Le Préfet a le droit même de suspendre l'exploitation de la mine, s'il la croit dangereuse pour les sources dont nous venons de parler. Suivant M. Picard (*Traité des Eaux,* tome I, page 85), « le Préfet peut, en vertu de l'art. 50, agir « non seulement par voie préventive, en imposant les pré-

« cautions nécessaires dans la conduite de l'exploitation
« minière, mais aussi *a posteriori*. Là s'arrètent ses pou-
« voirs ; il ne saurait, par exemple, ordonner au conces-
« sionnaire de substituer aux eaux disparues d'autres eaux
« prises sur un autre point. »

Quant aux autres sources, elles restent toujours soumises au droit commun, et leurs propriétaires ne pourraient
réclamer pour elles la protection préventive de l'administration.

CHAPITRE VIII

DU TARISSEMENT DES SOURCES CAUSÉ PAR L'EXÉCUTION DE TRAVAUX PUBLICS

Quand l'administration ou les concessionnaires qui lui sont substitués, ont exécuté dans leur fonds, des travaux publics, qui ont amené le tarissement de sources situées dans le voisinage et appartenant à des tiers, ceux-ci ont-ils une action contre l'auteur de ces travaux, en réparation du préjudice qu'ils éprouvent par suite de ce tarissement? Nous sommes d'avis qu'en droit, cette action n'est pas fondée. L'art. 552 CC, porte que tout propriétaire peut faire, dans son fonds, toutes les constructions et fouilles qu'il juge à propos. Dès lors, si l'Etat, le département ou la commune, en pratiquant des fouilles sur leur fonds, ont tari ou diminué les eaux de la source du fonds voisin, ils ne doivent pas plus d'indemnité que n'en devrait un simple particulier.

En 1868, l'Etat avait fait exécuter, à Plombières, sur

son terrain, des travaux destinés à canaliser les eaux de l'établissement thermal, qui lui appartient dans cette localité. Par suite de ces travaux, la source d'un particulier, située dans le voisinage, avait été mise à sec, et son propriétaire avait actionné l'Etat devant le Conseil de préfecture des Vosges, en réparation du préjudice que lui avaient causé les travaux en question. Le Conseil de préfecture, compétent aux termes de l'art. 4 de la loi du 28 pluviôse an VIII, pour connaître de cette demande, condamna l'État à payer au propriétaire de la source, une indemnité de 1100 francs, en réparation du préjudice que lui causait le tarissement de cette source. Le Ministre des travaux publics poursuivit, devant le Conseil d'État, l'annulation de cette décision, en soutenant que l'État avait, comme tout particulier, le droit, en vertu de l'art. 552 CC, de pratiquer des fouilles dans son fonds. Mais le Conseil d'État rejeta le recours par arrêt du 19 décembre 1868, en disant simplement que le Conseil de préfecture avait statué compétemment, et condamné, avec raison, l'Etat à payer au propriétaire de la source tarie une indemnité de 1100 francs, en réparation du préjudice causé à ce dernier. Cet arrêt ne répond pas au moyen de droit invoqué par le Ministre et ne motive pas plus sa décision en droit que ne l'avait fait l'arrêté du Conseil de préfecture des Vosges. La solution adoptée par celui-ci et par le Conseil d'État, dans cette affaire, a été certainement déterminée par une considération d'équité, mais elle ne nous paraît pas conforme à la loi. Elle formait, du reste, une exception à la jurisprudence du Conseil d'État, qui admettait presque toujours, avant 1883, que l'art. 552 est applicable aussi bien dans le cas de travaux publics que dans le cas de fouilles, exécutées par un simple particulier, et repoussait les réclamations des propriétaires de sources taries par suite de l'exécution de travaux publics, quelle que fût l'importance de ceux-ci. Mais le Conseil d'Etat a changé sa jurisprudence depuis 1883, quand il s'agit de travaux publics très importants, comme le percement d'un tunnel, pour le passage d'un chemin de fer ou d'un canal. Il décide, depuis cette époque, que de tels travaux ne sont pas régis par le droit commun et que l'art. 552 CC, ne leur est pas applicable; mais que, quand une source ou un puits se trouvent asséchés par ces travaux, le propriétaire de ce puits ou de cette source a le droit d'être indemnisé du préjudice, que lui cause cet asséchement.

Ainsi un arrêt du Conseil d'État du 11 mai 1883. (D. 1884, III, 121), a décidé que le travail d'ouverture d'un tunnel de 800 mètres de longueur, pratiqué pour le passage d'un chemin de fer, n'est pas, à raison de sa nature et de son importance, de ceux auxquels s'applique l'art. 552 CC, et qui ne peuvent donner aucun droit à indemnité, comme constituant un usage normal du droit de propriété. Il a, en conséquence, condamné la Compagnie du Chemin de fer de Paris-Lyon-Méditerranée, qui, par la construction de ce tunnel sur son fonds, avait amené le tarissement total ou partiel de diverses sources, situées dans les fonds voisins appartenant à des tiers, à indemniser ceux-ci du dommage que ce tarissement leur avait causé.

Suivant un autre arrêt du 22 mai 1885. (D. 1886, V. 432),

un travail consistant dans l'ouverture d'un tunnel, destiné
au passage d'un canal à travers des terrains, dont le tréfonds a été acquis, à cet effet, par voie d'expropriation,
n'est pas de ceux auxquels s'applique l'art. 552 CC, et
qui ne peuvent donner ouverture à aucun droit d'indemnité, comme constituant un usage normal du droit de
propriété : les dommages résultant de ce travail sont, au
contraire, de ceux que les lois du 28 pluviôse an VIII et
16 septembre 1807 ont eus en vue, en ouvrant aux particuliers, qui se plaignent de torts et dommages causés par
les travaux publics, une action en indemnité devant l'autorité administrative. Dans le même sens, arrêts du 8 août
1885. (D. ibid.) et du 4 décembre 1885. (D. ibid.)

M. Picard, en signalant ce changement dans la jurisprudence du Conseil d'État, relativement aux grands travaux publics, l'explique et en indique la portée de la façon
suivante. (*Traité des Eaux*, tome I, page 100) : « Le Code
« civil, dit-il, étant essentiellement le Code du droit privé,
« le Conseil a reconnu que ses dispositions, édictées pour
« régler les rapports entre les propriétés particulières, ne
« s'appliquent pas *ipso facto* aux rapports entre le domaine
« public et les fonds voisins. Sans contester leur applica-
« bilité, quand les travaux n'excédaient point, par leur na-
« ture et leur importance, ceux que le Code avait pu pré-
« voir, comme conséquence des relations ordinaires de
« voisinage, il les a jugées inapplicables dans le cas con-
« traire. L'ouverture de profondes tranchées ou de larges
« souterrains, lui a paru excéder manifestement les pro-
« portions des œuvres ordinaires accomplies par les par-

« ticuliers. Tout en s'inspirant de l'art. 552 CC, comme
« élément d'appréciation dans chaque espèce, il a décidé
« que les dommages causés par l'exécution des travaux
« publics, devaient rester exclusivement sous l'empire de
« la législation spéciale qui la régit. Il a, en conséquence,
« par plusieurs arrêts, déclaré l'administration responsa-
« ble du tarissement des sources par des souterrains ou
« de grandes tranchées. »

CHAPITRE IX

PROJET D'UNE LOI NOUVELLE SUR LES EAUX

Le 13 juillet 1876, le gouvernement présenta un projet de Code rural, qui renfermait des dispositions importantes au sujet des eaux de source. Ce projet ne fut pas discuté immédiatement. Mais, le 24 janvier 1880, M. Varroy, alors ministre des travaux publics, soumit au Sénat, au nom du gouvernement, un vaste projet de loi, spécial au régime des eaux, qui reproduisait la plupart des dispositions du projet du Code rural de 1876, relatives aux eaux. Une commission fut nommée par le Sénat pour examiner le projet présenté par M. Varroy, et M. Cuvinot, rapporteur de cette commission, déposa, le 22 décembre 1882, un rapport concluant à l'adoption du projet du gouvernement, sauf certaines modifications. Ce projet comprenait 7 titres, qui furent réduits à 6 par la commission et dont les deux derniers ne furent pas discutés.

Nous nous bornerons à examiner le titre Ier, qui est intitulé « Eaux pluviales et sources, » et qui, seul, rentre dans le cadre de notre sujet.

La discussion commença le 25 janvier 1883. Les cinq premiers articles, relatifs aux eaux pluviales, au droit de fouille, aux servitudes d'écoulement, ne contenaient pas d'innovation importante et furent votés sans difficulté. La rédaction de l'art. 6, qui attribuait aux juges de paix la connaissance des contestations relatives aux servitudes prévues par les cinq articles précédents, fut critiquée, mais l'article fut cependant voté.

Le projet du gouvernement contenait un article ainsi conçu :

« Le propriétaire d'une source ne peut plus en user, au
« préjudice des fonds inférieurs qui, depuis plus de 30 ans,
« ont fait et terminé, soit sur les fonds supérieurs, soit sur
« leurs propres fonds, des ouvrages apparents et perma-
« nents destinés à utiliser les eaux ou à en faciliter le pas-
« sage dans leur propriété. »

La Commission avait remplacé cet article par les deux articles suivants :

Art. 7. — « Le propriétaire d'une source ne peut plus
« en user au préjudice des propriétaires des fonds infé-
« rieurs qui, depuis plus de 30 ans, ont fait et terminé, sur
« le fonds où jaillit la source, des ouvrages apparents et
« permanents destinés à utiliser les eaux ou à en faciliter
« le passage dans leur propriété. Il ne peut pas non plus
« en user de manière à enlever aux habitants d'une com-
« mune, village ou hameau, l'eau qui leur est nécessaire ;
« mais si les habitants n'en ont pas acquis ou prescrit l'u-

« sage, le propriétaire peut réclamer une indemnité, la-
« quelle est réglée par experts. »

Art. 8. — « Si la source alimente un cours d'eau utilisé
« pour l'agriculture ou pour l'industrie, le propriétaire ne
« peut pas en détourner le cours au préjudice des usagers
« inférieurs. »

Ces deux articles modifiaient profondément le système
du Code civil. Ils furent vivement attaqués par M. Griffe,
et par d'autres orateurs, et défendus par M. Lenoel, puis
renvoyés à la Commission, ainsi que l'art. 9, qui était ainsi
conçu :

« Les art. 640, 641, 642 et 643 du Code civil sont
« abrogés. »

A la séance du 27 janvier, la discussion recommence ; la
Commission maintient l'art. 7, tel qu'elle l'avait présenté
précédemment au Sénat, mais elle a changé la rédaction
de l'art. 8, qui est alors ainsi conçu :

« Si la source forme, à la sortie du fonds où elle prend
« naissance, un véritable cours d'eau, utilisable pour l'a-
« griculture ou l'industrie, le propriétaire du fonds ne peut
« pas en détourner le cours, au préjudice des propriétai-
« res inférieurs, qui auront utilisé les eaux au moyen de
« travaux apparents et permanents. S'il s'agit d'une source
« obtenue dans les conditions prévues par l'art. 4 (sondage
« ou travaux souterrains), le propriétaire conserve, pen-
« dant 30 ans, le droit de la détourner à son profit. »

M. Clément combat les articles proposés en disant que,
s'ils étaient adoptés, ils consacreraient la confiscation des
droits du maître de la source, confiscation, ajoute-t-il, ab-

solument contraire à la Constitution de la France et outre-passant les droits du législateur.

M. Griffe reprend et complète son argumentation de la séance du 25 janvier; il soutient que le projet de la Commission sacrifie la propriété à l'industrie, et fait de la source l'accessoire du cours d'eau; il demande qu'on en revienne au projet du gouvernement ou que, si on adopte le texte de la Commission, on y ajoute l'obligation de la possession de 30 ans. M. Lenoel prend de nouveau la parole pour combattre M. Griffe. M. Faye propose de s'en tenir au Code civil. D'autres orateurs sont entendus, contre l'adoption des articles, auxquels divers amendements sont proposés. Le rapporteur demande alors le renvoi à la Commission de ces amendements et ce renvoi est prononcé. La discussion recommence à la séance du 15 février et continue le lendemain. La Commission maintient l'art. 7 tel qu'elle l'avait présenté précédemment et elle propose, pour l'art. 8, la rédaction suivante :

« Le propriétaire du fonds, sur lequel jaillit une source,
« est tenu de rendre à leur cours naturel, à la sortie de
« son fonds, les eaux qu'il n'aura pas utilisées ou absorbées
« dans la limite de cet héritage. »

Divers orateurs se succèdent à la tribune, les uns défendant, les autres attaquant, soit les amendements proposés, soit le projet de la Commission. On vote : tous les amendements sont repoussés : l'art. 7 est voté, mais l'art. 8 est rejeté.

Le Sénat décide de passer à une deuxième délibération. M. Cuvinot déposa un rapport supplémentaire et la discussion recommença le 22 juin suivant. La Commission proposa alors un seul article, en remplacement des 9 articles qu'elle avait présentés précédemment pour constituer le titre Iᵉʳ de la loi ; le nouvel article fut critiqué dans plusieurs de ses parties et renvoyé encore à la Commission. Celle-ci présenta, le 10 juillet, une nouvelle rédaction, qui maintient implicitement l'art. 640 du Code civil et ne fait commencer les modifications qu'à partir de l'art. 644. Cette nouvelle rédaction fut encore combattue par quelques orateurs, et enfin votée par le Sénat. — En voici le texte :

Titre Iᵉʳ. Eaux pluviales et sources.

Art. 1ᵉʳ. — « Les articles 641, 642 et 643 du Code civil « sont remplacés par les dispositions suivantes :

Art. 641. — « Tout propriétaire a le droit d'user et de « disposer des eaux pluviales qui tombent sur son fonds.

« Si l'usage de ces eaux ou la direction, qui leur est « donnée, aggrave la servitude naturelle d'écoulement éta- « blie par l'art. 640, une indemnité est due au propriétaire « du fonds inférieur.

« La même disposition est applicable aux eaux de sour- « ces nées sur un fonds.

« Lorsque par des sondages ou des travaux souterrains, « un propriétaire fait surgir des eaux dans son fonds, les « propriétaires des fonds inférieurs doivent les recevoir, « mais ils ont droit à une indemnité, en cas de dommages « résultant de leur écoulement.

« Les maisons, cours, jardins, parcs et enclos attenant « aux habitations ne peuvent être assujettis à aucune ag-

« gravation de la servitude d'écoulement, dans les cas prévus par les paragraphes précédents.

« Les contestations auxquelles peuvent donner lieu l'é-« tablissement et l'exercice des servitudes prévues par « ces paragraphes et le réglement, s'il y a lieu des in-« demnités dues aux propriétaires des fonds inférieurs, « sont portées en premier ressort, devant le juge de paix « du canton, qui, en prononçant, doit concilier les inté-« rêts de l'agriculture et de l'industrie avec le respect dû « à la propriété.

« S'il y a lieu à expertise, il peut n'être nommé qu'un « seul expert. »

Art. 642. — « Celui qui a une source dans son fonds « peut toujours user des eaux à sa volonté, dans les « limites et pour les besoins de son héritage, mais il ne « peut en détourner le cours au préjudice des usagers « inférieurs.

« Le propriétaire d'une source ne peut plus en user au « préjudice des propriétaires des fonds inférieurs, qui, de-« puis plus de 30 ans, ont fait et terminé, sur le fonds où « jaillit la source, des ouvrages apparents et permanents, « destinés à utiliser les eaux ou à en faciliter leur passage « dans leur propriété. Il ne peut pas non plus en user, de « manière à enlever aux habitants d'une commune, village « ou hameau l'eau qui leur est nécessaire ; mais si les habi-« tants n'en ont pas acquis ou prescrit l'usage, le proprié-« taire peut réclamer une indemnité, laquelle est réglée par « experts. »

Art. 643. — « Si, dès la sortie du fonds où elles surgis-

« sent, les eaux d'une source forment un cours d'eau
« offrant un caractère d'eaux publiques et courantes, le
« propriétaire ne peut les détourner au préjudice des usa-
« gers inférieurs. »

Le Sénat vota ensuite le titre II du projet, intitulé « Des
cours d'eau non navigables, ni flottables, » le titre III
intitulé « Des rivières flottables à bûches perdues, » et le
titre IV intitulé « Des fleuves ou rivières navigables ou
flottables. »

La Chambre des députés avait nommé une commission
pour examiner le projet de loi, dont nous venons de parler.
Et, au mois de juin 1888, M. Maunoury déposait, au nom
de cette commission, son rapport sur ce projet. La commission de la Chambre, contrairement au vote du Sénat, comprend l'art. 640 du Code civil, parmi les articles de ce code
qui sont à modifier et, au texte de l'art. 641, voté par le
Sénat, elle propose de substituer le texte suivant, qui for-
merait, dans le nouveau projet qu'elle présente, l'art. 652
ainsi conçu :

« Tout propriétaire a le droit d'user et de disposer des
« eaux pluviales qui tombent ou arrivent sur son fonds. Il
« peut également user ou disposer des eaux souterraines
« qu'il a captées ou amenées au jour sur ce fonds. — Celui
« dans le fonds duquel une source jaillit naturellement,
« peut en user à sa volonté pour l'utilité ou l'agrément de
« son héritage d'un seul tenant ou pour les besoins de son
« industrie. Il peut même en arrêter l'écoulement, mais il
« ne peut en disposer au profit d'un tiers.

« Les droits, conférés, par les deux derniers alinéas, sur

« les eaux souterraines, ne peuvent être exercés au préju-
« dice des propriétaires des fonds inférieurs, qui, depuis
« plus de 30 ans, ont fait et terminé, sur le fonds où jaillit
« la source, ou au-dessous duquel coulent les eaux sou-
« terraines, des ouvrages apparents et permanents, desti-
« nés à utiliser les eaux ou à en faciliter le cours dans
« leur propriété. »

La Commission de la Chambre proposa également divers changements à plusieurs articles du projet, voté par le Sénat, sous les titres II et III de ce projet dont nous n'avons pas à nous occuper, puisqu'ils sont étrangers à notre sujet. Le rapport de M. Maunoury est resté sans suite, et jusqu'à présent, la loi, qui nous occupe, n'a pas encore été discutée devant la Chambre des Députés.

Le nouvel article 641, voté par le Sénat, contient une innovation importante, relative à l'écoulement des eaux sur le fonds inférieur. Alors que d'après le Code civil, le propriétaire inférieur est tenu de recevoir seulement les eaux naturelles, découlant naturellement du terrain supérieur, d'après le nouvel article 641, le fonds inférieur serait tenu de recevoir aussi bien les eaux provenant des fouilles ou des sondages, pratiqués dans le fonds supérieur, que celles jaillissant naturellement de ce fonds, et de recevoir ces diverses eaux, lors même qu'elles ne lui arriveraient qu'en suivant une direction autre que celle de la pente naturelle du sol. Ce serait là une aggravation de la servitude d'écoulement dont parle l'article 640 CC ; mais comme elle n'aurait lieu que moyennant indemnité, et permettrait au propriétaire supérieur de tirer de son fonds un meilleur parti que sous l'empire de la loi actuelle, nous approuvons cette innovation.

L'article 642 nous paraît, au contraire, contenir, dans son premier paragraphe, une fâcheuse innovation, qui porterait une grave atteinte au droit de propriété. Si le propriétaire d'un fonds, où naît une source, « ne peut « plus détourner le cours des eaux de celle-ci au préju- « dice des usagers inférieurs, » il n'a plus la libre dispo- sition de ces eaux et perd ainsi une des prérogatives les plus utiles de son droit de propriété, et cela sans indem- nité. Cet article est en contradiction avec l'article qui le précède, l'article 641 nouveau, qui porte que « le proprié- « taire d'un fonds a le droit d'user et de *disposer* des eaux « des sources nées sur ce fonds. » Il bouleverserait complètement le système du Code civil et réduirait les cas d'application de la loi du 29 avril 1845 sur les irri- gations.

A cette innovation, nous préférons la législation actuelle, qui permet au propriétaire d'un fonds, dans lequel se trouve une source, de conduire, sur un autre fonds lui apparte- nant ou de céder à un tiers les eaux de cette source, qui, ainsi déplacées, peuvent souvent trouver un meilleur em- ploi qu'en continuant à suivre un cours précédent, dont auraient bénéficié quelques usagers inférieurs.

Le deuxième paragraphe de l'article 642 porte que, pour acquérir par prescription des droits sur une source née dans un fonds, il faut des travaux exécutés sur ce fonds. Nous approuvons cet article, qui consacre l'opinion ad- mise par la jurisprudence et par Demolombe sur ce point.

Le dernier paragraphe de l'article 642 n'est que la reproduction de l'article 643 du Code civil.

Nous ne comprenons pas bien le sens, ni la portée de l'article 643 voté par le Sénat. Il nous paraît faire double emploi avec la dernière partie du premier paragraphe de l'article 642, qui contient une grave innovation, que nous avons désapprouvée plus haut.

La rédaction de l'article 652, proposée par la Commission de la Chambre des Députés, fait disparaître une équivoque, contenue dans l'article 642, voté par le Sénat, qui aurait peut-être permis de soutenir que le maître d'une source ne pouvait plus changer, sur le fonds où naît cette source, la direction des eaux de celle-ci, quand des voisins inférieurs avaient usé de ces eaux. Mais cet article 652 renferme encore une atteinte grave au droit de propriété, puisqu'il prive le propriétaire du fonds, où jaillit la source, du droit de disposer des eaux de celle-ci au profit d'un tiers, ou de les conduire sur un autre fonds lui appartenant, et non contigu au fonds de la source, et cela sans indemnité.

Le projet de loi sur les eaux, présenté par le Gouvernement en 1880, contient un chapitre spécial relatif à *l'alimentation en eau des communes*. Bien que ce chapitre n'ait pas encore été discuté devant les Chambres, nous croyons devoir reproduire, à la fin de notre travail, les articles qu'il renferme, non d'après le texte primitif, mais d'après le texte amendé par le Conseil d'État.

Art. 113. — « Les communes pourront être autorisées à

« exproprier les immeubles contenant superficiellement ou
« souterrainement les eaux nécessaires aux usages de leurs
« habitants. Elles pourront aussi être autorisées à expro-
« prier tout ou partie du volume des eaux, sans être tenues
« d'exproprier l'immeuble, à moins qu'il ne soit au nom-
« bre de ceux désignés en l'art. 80. »

Art. 114. — « L'expropriation s'étendra à toutes les ser-
« vitudes fondées sur titres ou acquises au moyen d'ou-
« vrages apparents établis sur le fonds où jaillit la source,
« et les propriétaires seront tenus, en ce qui concerne ces
« servitudes, aux obligations résultant des art. 21 et 22 de
« la loi du 3 mai 1841 sur l'expropriation pour cause d'uti-
« lité publique. »

Art. 115. — « Les communes qui dériveront des eaux
« de source seront aussi tenues d'indemniser, des domma-
« ges résultant de la dérivation, les propriétaires qui se
« servaient des eaux, soit pour la mise en mouvement de
« leurs usines, soit pour l'irrigation de leurs terres, soit
« pour toute autre cause. Ces indemnités seront réglées
« comme en matière de dommages résultant de l'exécution
« de travaux publics. »

L'art. 116 est relatif aux formalités préalables à l'expropriation, et l'art. 117 exclut du jury, chargé de fixer l'indemnité, les parties intéressées.

Art. 118. — « L'acte portant déclaration d'utilité publique
« déterminera : le volume d'eau maximum qui sera dérivé ;
« le volume d'eau reconnu nécessaire aux habitants des
« communes, villages ou hameaux ; le volume d'eau mini-
« mum que les communes s'engagent à restituer en temps

« d'étiage, soit au moyen de réservoirs de compensation,
« soit au moyen d'autres travaux dont elles prendraient la
« charge. — Les quantités d'eau, dérivées par les commu-
« nes, ne pourront excéder celles qui seront nécessaires
« aux usages domestiques de leurs habitants, que si, par
« des restitutions ou compensations suffisantes, satisfaction
« est laissée aux besoins des usagers actuels. »

Art. 119. — « Le mode d'aménagement et de distribution
« des eaux restituées, l'établissement et l'entretien des
« travaux, ainsi que la répartition des dépenses de toute
« nature, seront l'objet de règlements arrêtés par le préfet,
« les intéressés entendus. — Les intéressés pourront, à cet
« effet, se constituer en syndicat, sur les bases posées au
« titre II de la loi du 21 juin 1865, sur les associations syn-
« dicales. »

Art. 120. — « Les sources naturelles ou artificielles, ser-
« vant à l'alimentation des communes, sont déclarées d'in-
« térêt public, dans le sens de l'art. 1er de la loi du
« 14 juillet 1856. — Les dispositions des art. 2, 3, 4, 5, 6,
« 13, 15, 16 et 17 de la même loi leur sont applicables. —
« Les indemnités, dues par suite de suspension, interdic-
« tion ou destruction de travaux, dans les cas prévus aux
« art. 4, 5 et 6 précités, de même que celles auxquelles
« pourra donner lieu l'exécution de tous travaux entrepris
« dans les conditions prévues au présent chapitre, seront
« réglées comme en matière de dommages résultant de
« l'exécution de travaux publics. »

Art. 123. — « Les dispositions des articles 78 à 84 sont
« applicables aux travaux prévus dans le présent chapitre,

« Toutefois, le décret déclaratif d'utilité publique pres-
« crira, s'il y a lieu, l'expropriation des terrains néces-
« saires à l'établissement des ouvrages. »

Les articles 78 à 84 font partie du chapitre des irrigations
et règlent notamment la servitude de passage des eaux sur
les fonds intermédiaires.

Nancy, le 9 juin 1896.

Le Président de la Thèse,

P. LOMBARD.

Vu par le Doyen.

Nancy, le 9 juin 1896.

E. LEDERLIN.

Vu et permis d'imprimer.

Nancy, le 9 juin 1896.

Le Recteur,

Ch. GASQUET.

TABLE DES MATIÈRES

St-Dié, Imp. L. Humbert.